Ulrich Ladurner
Lampedusa

Ulrich Ladurner

LAMPEDUSA

Große Geschichte
einer kleinen Insel

Residenz Verlag

Bibliografische Information der Deutschen Nationalbibliothek
Die Deutsche Nationalbibliothek verzeichnet diese Publikation in der
Deutschen Nationalbibliografie; detaillierte bibliografische Daten sind im
Internet über http://dnb.dnb.de abrufbar.

www.residenzverlag.at

© 2014 Residenz Verlag
im Niederösterreichischen Pressehaus
Druck- und Verlagsgesellschaft mbH
St. Pölten – Salzburg – Wien

Umschlaggestaltung: BoutiqueBrutal.com
Umschlagbild: Mährische Landesbibliothek Brünn – Sammlung Moll
(http://mapy.mzk.cz)
Grafische Gestaltung/Satz: BoutiqueBrutal.com
Schrift: Adriane Text
Lektorat: Stephan Gruber
Gesamtherstellung: CPI Moravia Books

ISBN 978-3-7017-3331-6

INHALT

Für Lilli und Julius

ZU DIESEM BUCH

Im Sommer 1992 war ich zum ersten Mal in Lampedusa. Ich wartete gemeinsam mit anderen Journalisten auf ein Flüchtlingsboot, das im Hafen einlaufen sollte. Damals war das noch eine Neuigkeit. Ich ahnte nicht, dass Lampedusa im Laufe der Jahre zu einem Symbol für eines der wichtigsten Phänomene unserer Zeit werden würde: die Migration. Keiner konnte wissen, dass vor der Küste dieser winzigen Insel im Laufe der Jahre Flüchtlinge mit schrecklicher Regelmäßigkeit und in großer Zahl ertrinken würden. Ich konnte nicht erkennen, dass Europa zur Festung und Lampedusa einer ihrer Wachttürme werden würde.

Oder hätte ich es doch sehen können? War ich nur geblendet von den aktuellen Ereignissen? War ich nicht fähig, über den Tag hinaus zu denken?

Von heute aus betrachtet erscheint die »Karriere« Lampedusas ja einer gewissen Zwangsläufigkeit zu unterliegen. Näher an Afrika als an Europa gelegen, ist die Insel für ihre Rolle als Grenzposten vorbestimmt. Die Geografie bestimmt ihr Schicksal. Oder ist auch das falsch? Sind es politische Entscheidungen, die Lampedusa zu dem gemacht haben, was es heute ist?

Wie auch immer die Antworten ausfallen, wann immer ich an meinen ersten Aufenthalt auf Lampedusa dachte, empfand ich einen Mangel an Vorstellungskraft, dem ich meine damalige »Blindheit« zu verdanken hatte. Dieses Defizit war eines der Motive, dieses Buch zu schreiben.

Ich wollte mir Zeit nehmen für Lampedusa. Ich wollte sehen, was hinter der Tagesaktualität verborgen lag. Ich hatte Zweifel, ob es denn viel sein konnte. Lampedusa ist ja eine

7

winzig kleine Insel, und sie wurde sehr spät besiedelt. Was sollte da schon zu finden sein? Doch je mehr ich suchte und sammelte, desto mehr kam ich ins Staunen. Ich entdeckte eine Insel, auf der sich Geschichte und Gegenwart in vielfältiger Weise verschränken. Lampedusa ist kein Grenzposten, es ist ein Spiegel Europas.

Den Lesern wünsche ich, dass sie in der Begegnung mit dieser Insel dasselbe Entdeckergefühl überkommt, wie ich es beim Forschen und Schreiben empfinden durfte. Denn Lampedusa ist ein Abenteuer – und das ist wohl die treffendste Bezeichnung für diese Insel.

Hamburg, im Dezember 2013

Prolog

Lopadusa, Lapadusa, Lopedosa, Lipadusa, Lipidusa, Lampadosa, Lampidosa, Lanbedusa, Lopadosa – das sind Namen, die es im Laufe der Jahrhunderte für jene Insel gegeben hat, die wir Heutigen als Lampedusa kennen. Historiker sind zu keinem klaren Schluss gekommen, welche Bedeutung das Wort Lampedusa tatsächlich hat. Die einen sagen, das Wort Lampe stecke darin, denn diese weit draußen im Meer gelegene Insel wirke wie ein Lichtpunkt, der den Seefahrern Orientierung bietet und den Schiffbrüchigen Hoffnung gibt. Andere wiederum behaupten, die Insel sei vulkanischen Ursprungs und habe um ihr felsiges Haupt zu jeder Jahreszeit ein schwarzes, ballendes Wolkenband getragen, das von Blitzen durchzuckt wurde. »Blitz« heißt auf Italienisch »Lampo«.

Lampedusa liegt 120 Kilometer von der afrikanischen Küste entfernt und 210 Kilometer von der sizilianischen. Seit rund zwanzig Jahren kommen Migranten aus Afrika in bis zum Bersten voll beladenen Booten hierher. Jeder Europäer kennt inzwischen den Namen dieser Insel. Sie wird mit wechselnden Bezeichnungen belegt, die in unterschiedlichen Nuancierungen alle ein bedrohliches Bild evozieren. Lampedusa ist Sprungbrett, Nadelöhr, Einfallstor nach Europa.

Ob man den vielen Tausenden, die gekommen sind, und den vielen Tausenden, die noch kommen werden, das Ziel ihrer Reise nennt? Sagen die Schlepper ihnen: »Ihr fahrt jetzt nach Lampedusa!«? Oder sagen sie ihnen, wenn sie von der nordafrikanischen Küste ablegen, sie würden bald in Europa ankommen, und verschweigen ihnen, dass sie auf einer kleinen Insel landen werden, die zwar zu Europa gehört, aber von dem gelobten Kontinent noch weiter entfernt ist als von der Küste, von der sie gerade aufbrechen? Vielleicht sagen die Schlepper den Flüchtlingen gar nichts, sondern nehmen ihnen nur das Geld ab, pferchen sie auf diesen Booten ein und schicken sie los. Gewiss fragt keiner der Migranten die Schlepper nach dem Ziel, denn sie sind froh, dass sie nun endlich aufs Meer hinaus können, die letzte Etappe ihrer Reise, die sie mitunter über Tausende Kilometer und durch die Wüste geführt hat, wo sie Gefahr liefen, an Hunger und Durst zu sterben oder überfallen und ausgeraubt zu werden. Sie betreten die Boote als Menschen, die schon Tausende Ängste und Entbehrungen durchlitten haben. Das große, bis zum Horizont reichende Wasser, das sich nun vor ihnen erstreckt, mag ihnen zwar unheimlich und bedrohlich erscheinen, doch nicht schlimmer als alles, was sie schon überstanden haben. Selbst für den Fall, dass sie eine lähmende Angst packt, bevor sie über die Planken in das Boot steigen, weil ihnen plötzlich einfällt, dass sie ja gar nicht schwimmen können, selbst dann werden sie sich nicht zurückziehen, sondern auf das Meer hinausfahren, von dem sie doch denken müssen, dass es ihnen den Tod bringen könnte. Es gibt ja keinen Ausweg für sie, außerdem ist das, was sie hinter sich lassen, oft schlimmer als alles, was sie jetzt noch erwartet. Also, auf nach Lampedusa.

In den schaukelnden Booten geht bald schon der Name der Insel von Mund zu Mund, und er erlebt eine Wiederauferstehung in all seinen Variationen, die er im Laufe der Geschichte angenommen hat. Denn die Menschen in den Booten sprechen viele Sprachen und sie versuchen den Namen der Insel, den sie vielleicht eben von einem ihrer Kameraden vernommen haben, nachzusprechen: Lopadusa, Lapadusa, Lopedosa, Lipadusa, Lipidusa, Lampadosa, Lampidosa, Lanbedusa, Lopadosa. Wie ein lyrisches Gebet klingt das, breitet sich im Inneren des Schiffes aus, hält sich hartnäckig gegen das Schlagen der Wellen und das Pfeifen des Windes. Es kommt aus den durstigen, ausgebrannten Kehlen, wandert von Ohr zu Ohr, spendet Hoffnung, Trost und nährt den Glauben, dass bald das Ende dieser fürchterlichen Odyssee erreicht sein wird.

I. Ankunft

Es ist früher Abend, als mein Flugzeug in Lampedusa landet, und es ist bereits stockdunkel. Die wenigen Passagiere haben nur Handgepäck dabei. Es sind Einheimische, die für ein paar Tage der Insel entflohen sind, nach Palermo zum Beispiel oder nach Rom. Der Fahrer, den mir das Hotel schickt, erkennt mich in der Empfangshalle sofort. Er grüßt mich mit einem knappen Handschlag, dann eilen wir hinaus ins Freie. Schweigend fahren wir durch den Ort, der schwach beleuchtet und menschenleer ist. Es ist Februar. Um diese Jahreszeit kommen keine Touristen. Es kommen auch keine Flüchtlinge, denn das Meer ist zu gefährlich in den winterlichen Monaten. Alles steht still auf der Insel.

Der Mann an der Rezeption stellt keine Fragen. Obwohl ich schon vor Tagen mein Kommen angekündigt habe, ist er offensichtlich überrascht, einen Gast zu haben, mitten in der toten Saison. Er gibt mir ein Zimmer im ersten Stock, zu einer Gasse hin. Es ist klamm vor Feuchtigkeit, das Deckenlicht wirkt kalt, vor dem Fenster heult der Wind wie ein hungriges Tier. Er rüttelt an den Jalousien, dringt durch jede Ritze und jeden Spalt. Das Treppenhaus ist erfüllt von einem Fauchen, das gedämpft zu mir ins Zimmer drängt. Mir scheint, als erzittere das ganze Haus unter der Gewalt des Windes. Ich schalte den Fernseher ein, um mich abzulenken. Nachrichten aus Rom, der Hauptstadt. Sie ist von Lampedusa mehr als 700 Kilometer entfernt, nach Tunis und Tripolis sind es im Gegensatz dazu nur 300. Politiker sprechen kurze Sätze in ein Mikrofon, dann tritt ein Journalist auf und redet, im Hintergrund ist das italienische Parlament zu sehen, dann sind wieder die Politiker an der Reihe, dann kommt wieder der Journalist. Es wirkt wie ein Theateraufzug, eine Kostümierung. Vielleicht liegt es an der Entfernung, vielleicht wirken die Nachrichten deswegen so unerheblich. Selbst die Wettervorhersage, die auf die Nachrichten folgt, bekommt eine andere Bedeutung. Während der Meteorologe vor einer Karte Italiens hin und her geht und von Wolken, Sonne, Wind und Regen spricht, suche ich auf dieser Karte Lampedusa. Vergeblich. Die Insel ist zu klein, als dass sie auf der Wetterkarte des Fernsehens verzeichnet wäre, zu unbedeutend, gerade einmal 22 Quadratkilometer groß. Ich kann mir nicht merken, was der Meteorologe sagt, ich sehe nur den blanken Himmel über Italiens Süden, die dichten Wolken im Norden, etwas Regen im Osten und etwas Regen im Westen, und dann höre ich den Satz, der sich mir sofort einprägt: »Mari mossi nel Canale di Sicilia« – die Meere im Kanal von Sizilien sind bewegt, aufgepeitscht von den Winden.

Eine Jalousie öffnet sich mit einem Knall. Ich stehe schnell vom Fernsehsessel auf, öffne das Fenster und beuge mich weit hinaus, um den Haken der Jalousie zu fassen. Draußen herrscht ein Tosen und Brausen. Kaum habe ich die Jalousie wieder eingehakt, ziehe ich mich zurück in das Zimmer und schalte den Fernseher aus.

»Einige des Vertrauens würdige Berichterstatter sagen, dass sich niemand auf dieser Insel aufhalten könne, da sie während der Nacht von Gespenstern, Geistern und grauenvollen Erscheinungen heimgesucht werde; die fürchterlichen Erscheinungen, die schreckliche Träume und Todesangst verbreiten, berauben diejenigen, die sich dort auch nur eine Nacht aufhalten wollten, des Schlafes und der Ruhe.« Das schreibt der französische Geograf Armand d'Avezac in seinem 1849 erschienenen Buch »Îles de l'Afrique« über Lampedusa. Welcher Art mochten diese Gespenster wohl sein? Wer waren diese »des Vertrauens würdigen Berichterstatter«? Und kann sich wirklich niemand auf der Insel aufhalten, ohne gepeinigt zu werden?

2. Piraten

Am nächsten Morgen gehe ich zu früher Stunde die Via Roma entlang, die zentrale Straße des Ortes Lampedusa. Es sind kaum Menschen zu sehen. Die Geschäfte sind geschlossen, nur ein Café ist geöffnet. Auf Plastikstühlen sitzen drei Männer und plaudern. Ein vierter hält sein Gesicht mit geschlossenen Augen in die wärmende Sonne. Er hat den Kragen seines Mantels hochgeschlagen. Ich gehe schnellen Schrittes vorbei, denn ich habe das Gefühl, dass ich von den Männern aus den Augenwinkeln beobachtet werde. Es ist Winter, man muss sich die Zeit totschlagen. Ein Fremder ist da gewiss eine willkommene Abwechslung.

Die Via Roma mündet in einer Terrasse, von der aus man einen Rundblick auf den Hafen hat. Das Meer ist aufgewühlt. Der Wind ist eine Heimsuchung. Die Lampedusaner, sagte mir am Morgen der Rezeptionist meines Hotels, sind es gewohnt, im Freien zu sein, aber bei diesem Wetter sei das kaum möglich. Deswegen seien sie alle unruhig und würden geplagt von Schmerzen und Beschwerden, die ihnen den Schlaf rauben und den Tag verderben.

Ich verlasse die Via Roma, um eine Rundreise um die Insel zu unternehmen. An der Steilküste im Norden der Insel parke ich den Leihwagen, nicht weit von den Klippen entfernt. Die Wellen türmen sich, schäumen und stürzen donnernd gegen die Felsen. Irgendwo da draußen, nicht weit von der Insel entfernt, muss das Schiff Alonsos, des Königs von Neapel, gesunken sein, die Planken zertrümmert von den harten Schlägen des Wassers, die Segel zerfetzt von den peitschenden Winden.

»Das Schiff bricht auseinander
Lebt wohl, meine Frau, meine Kinder!
Leb wohl, Bruder!
Es bricht, es bricht, es bricht!«

So schreien die Matrosen im Inneren des Schiffes, ohne Hoffnung auf Überleben verabschieden sie sich. Auf den Klippen der Insel steht Miranda neben ihrem Vater, dem Zauberer Prospero. Sie fleht ihn an: »Falls ihr, mein geliebter Vater, durch Eure Kunst die wilden Wasser in diesen Aufruhr versetzt habt, besänftigt sie wieder. Der Himmel, scheint es, würde stinkendes Pech niedergießen, stiege nicht die See empor zu seiner Wange und löschte so das Feuer. Oh habe ich gelitten mit denen, die ich leiden sah: ein stattliches Schiff (das ohne Zweifel edle Geschöpfe in sich barg), und in tausend Stücke zerschmettert. Oh, der Schrei drang mir bis ans Herz. Die armen Seelen, sie gingen unter!«

Dies ist eine Szene aus William Shakespeares Drama »Der Sturm«. Die Insel, auf die der Zauberer Prospero verbannt worden ist, auf der er mit seiner Tochter Miranda lebt und auf die die Schiffbrüchigen sich schließlich retten können, ist vermutlich Lampedusa. Es besteht darüber keine Gewissheit, doch einiges spricht dafür, dass Shakespeare sich diese Insel vorstellte, als er »Der Sturm«, im Original »The Tempest«, schrieb. Das verlassene, unwirtliche Lampedusa könnte Shakespeare durch Beschreibungen englischer Reisender bekannt gewesen sein. Mit Sicherheit kannte er »Orlando Furioso«, das Epos des italienischen Dichters Ludovico Ariosto, denn es hat sein Werk nachweislich beeinflusst. Ariosto veröffentlichte sein Versepos im Jahr 1516 in einer ersten Fassung, es folgten zwei weitere. Den historischen Hintergrund des Werkes bildet eine ganze Kette von Kriegen zwischen Karl dem Großen und den Sarazenen im achten Jahrhundert, die an den Küsten und Inseln des Mittelmeers ausgefochten wurden. Lampedusa ist im »Orlando Furioso« ausdrücklich als der Schauplatz benannt, auf dem sich die edlen christlichen Ritter und die Sarazenen eine letzte, entscheidende Schlacht liefern. Ariosto beschreibt Lampedusa mit folgenden Worten:

»Eine kleine Insel ohne Häuser
voll niedrig wachsender Myrte und Wacholder
in glücklicher Abgeschiedenheit
für Hirsche, Rehe, Hasen,
Außer den Fischern ist sie kaum jemandem bekannt
wo die feuchten Netze auf Bäumen
zum Trocknen hängen:
und die Fische derweil in ruhigem Meere schlafen«

Jahrhundertelang rangen Christen und Muslime um die Vorherrschaft im Mittelmeer. Ludovico Ariosto wählt die kaum bekannte Insel zwischen Tunesien und Sizilien, um die letzte Zuspitzung dieses Kampfes zu inszenieren. »Orlando Furioso«, dieses einflussreiche literarische Werk, ermöglicht dem unbewohnten Lampedusa einen ersten prominenten Auftritt in der europäischen Geschichte. Die Lage inmitten eines feindseligen, wilden Meeres, an der Nahtstelle zwischen christlichem und muslimischem Herrschaftsbereich, und ihre menschenleere Ödnis verleihen der Insel mythische Anziehungskraft. Auch Shakespeare wählte sie als Bühne, um sein Drama zu inszenieren. Sein König Alonso war auf dem Heimweg von Tunis, wo er seine Tochter mit dem dortigen Herrscher vermählt hatte. Es war eine politisch motivierte Heirat, denn es lag gewiss im Interesse Alonsos, des Königs von Neapel, gute Beziehungen nach Nordafrika zu unterhalten. Die Stadt Tunis ist für die Kontrolle des Mittelmeeres von zentraler Bedeutung. Sie liegt an der engsten Stelle zwischen Nordafrika und Europa. Es war das ideale Sprungbrett für die muslimischen Korsaren, um an den italienischen Küsten zu plündern, und Aufmarschgebiet für muslimische Eroberer, die sich mit dem Gedanken trugen, Rom einzunehmen, das Herz der Christenheit. Der arabische Heerführer Musa ibn Nusair schickte sich im Jahr 703 an, Sizilien zu erobern, was ihm nur teilweise gelang. Christen und Muslime verkeilten sich in einer Abfolge von Schlachten und Waffenstillständen, die alsbald wieder gebrochen wurden. Im Jahr 728 vernichteten die Byzantiner eine muslimische Flotte, die in Lampedusa angelegt hatte. Die gefangenen Mauren wurden allesamt hingerichtet, so wie die Mauren Christen in eroberten Städten und Orten erschlugen. Das war die damals übliche Kriegsführung. Sie schonte niemanden.

Im neunten Jahrhundert setzten die Araber erneut von Tunis aus nach Sizilien über. Wer diese Stadt beherrschte, verfügte also über eine strategisch einmalig günstige Position. Im 16. Jahrhundert zählte Tunis gemeinsam mit Algier und Tripolis zu den Hochburgen der muslimischen Korsaren, der Barbaresken. Nach der Vertreibung des letzten muslimischen Herrschers von der Iberischen Halbinsel im Jahr 1492 begannen die Spanier, den Maghreb und die nordafrikanische Küste mit militärischen Stützpunkten zu befestigen und zu kontrollieren. Doch es blieb ein halbherziger Versuch, denn im selben Jahr, in dem ein spanisches Heer den Emir von Grenada, den letzten muslimischen Herrscher Spaniens, besiegte und vertrieb, entdeckte Christoph Kolumbus Amerika. Sehr bald schon richteten sich die Energien Spaniens auf die Neue Welt. Welcher spanische Soldat wollte noch gerne Dienst in Nordafrika tun, wenn doch in den neu entdeckten Kontinenten unermessliche Schätze auf ihn warteten? Die Geschichten vom Eldorado, das es zu entdecken galt, waren so verlockend und überwältigend, dass Nordafrika für die Spanier zu einem schmutzigen Hinterhof wurde, in dem nichts zu holen war und wo sich daher auch keiner aufhalten wollte. Diese »Unachtsamkeit« öffnete ein Machtvakuum, in das die Barbaresken stießen. Was für die spanischen Eroberer Amerika war, das war für die Korsaren die nordafrikanische Küste: eine Grenzregion, in der man durch Mord und Raub schnell reich werden konnte. *Perle, Tor Neptuns, Sonne, Goldner Zitronenbaum, Rose von Algier* – so poetische Namen trugen ihre Schiffe.

Viele Barbaresken waren konvertierte Christen, die aus ihren Heimatländern geflohen waren, aus Not, aus Gier, aus Lust am Abenteuer. Sie tauchten mal da und mal dort auf, sie lauerten in Buchten, sie versteckten sich auf verlassenen Inseln wie Lampedusa, und sie stießen auf ihr Opfer zu wie ein plötzlich aus dem Nichts auftauchendes Ungeheuer. Sie kaperten Handelsschiffe, deren Besatzungen sie überwältigten und gefangen nahmen. Sie legten Städte und Dörfer an der Küste Italiens in Schutt und Asche und verschleppten Tausende Menschen, um sie auf dem Sklavenmarkt von Algier zu verkaufen. Ein Mann namens Hayrettin war der Brillanteste und Grausamste von allen. Zusammen mit seinem Bruder hatte er Algier zu einem gefürchteten Piratennest gemacht, mehrmals wurde er von christlichen Flotten vertrieben, doch kehrte er immer wieder zurück. Im Jahr 1519 unterstellte er sich Selim I., dem Sultan von Istanbul. Das war eine Entscheidung von großer strategischer Weitsicht. Selim I. sandte seine berüchtigten Janitscharen sowie Kanonen nach Algier. Damit war Algier nicht mehr ein Nest von Räubern, sondern eine Stadt, die eingebunden war in den Kampf zwischen den katholischen Spaniern und den muslimischen Osmanen.

Der Krieg zwischen diesen beiden Reichen entfaltete sich über ein Jahrhundert lang im Mittelmeer. Hayrettin spielte eine tragende Rolle. Den Christen war er als Barbarossa bekannt. Er beschrieb seine Wirkung auf die Feinde mit folgenden Worten: »Ich erscheine mitten in den christlichen Flotten wie die Sonne den Sternen erscheint, und wie die Sonne bringe ich die Sterne zum Verschwinden!« Seine tollkühnen Unternehmungen, seine schrecklichen Taten, seine Rücksichtslosigkeit und sein Geschick ließen ihn in der Vorstellungswelt der christlichen europäischen Völker wie den Leibhaftigen selbst erscheinen. Es reichte das Gerücht, dass Barbarossa in der Nähe sei, und die Küstenbewohner sammelten in aller Eile ihre Habseligkeiten ein, um ins Landesinnere zu flüchten, weit weg vom Meer, das dieser Mann zu seinem Jagdgrund gemacht hatte. Christliche Schiffe ergaben sich ihm ohne Kampf, manchmal sprang die Besatzung über Bord, wenn das rote Banner Barbarossas am Horizont auftauchte. Lieber ertranken sie, als in Barbarossas Hände zu fallen. Er vollbrachte spektakuläre Taten, um seine Macht zu zeigen und den Terror, den er verbreitete, zu steigern.

1534 segelte Hayrettin mit seiner Flotte von Süden kommend entlang der italienischen Küste, passierte Neapel und ging im Fischerdorf Sperlonga an Land. Dann marschierte er mit seinen Männern zwölf Meilen landeinwärts, um die Herzogin von Fondi, Julia Gonzaga, zu entführen. Die junge Witwe stand im Ruf, die schönste Frau Italiens und darüber hinaus überaus gebildet zu sein. Barbarossa wollte sie als Trophäe dem Sultan übergeben, damit dieser seinen Harem bereichern könnte. Doch der Herzogin gelang mit knapper Not die Flucht. Sie floh, wie es in zeitgenössischen Quellen hieß, »barfuß und nur mit ihren Haaren bekleidet«. Der wütende Barbarossa ließ daraufhin die Stadt Fondi niederbrennen und alle Männer töten. Frauen und Kinder verschleppte er. Im 130 Kilometer entfernten Rom begannen die Menschen, als sie die Nachrichten von Barbarossas Taten erreichten, in Panik die Stadt zu verlassen. Doch Barbarossa machte sich wieder auf nach Süden, zerstörte gewissermaßen im Vorbeigehen mehrere christliche Kriegsschiffe im Hafen von Neapel. Bevor überhaupt jemand reagieren konnte, war er schon wieder auf dem Weg nach Tunis.

Im Jahr darauf segelte er zuerst nach Ligurien und fuhr dann die italienische Küste entlang Richtung Süden. Die toskanische Hafenstadt Talamone überfiel er, weil dort Bartolomeo Peretti begraben war. Dieser hatte im Jahr zuvor an der Spitze eines päpstlichen Geschwaders Barbarossas Anwesen in seinem heimatlichen Mytilene (Lesbos) verwüstet. Barbarossa ließ Perettis Grab öffnen, die Gebeine herausreißen, verbrennen und die Asche verstreuen. So stillte der Fürst der Barbaresken seinen Rachedurst.

Hayrettin Barbarossa starb im Jahr 1546. Sein »Nachfolger« wurde ein Mann namens Dragut, ein gebürtiger Grieche, der vier Jahre lang auf den Galeeren der Genueser gefangen gewesen war. Barbarossa kaufte Dragut im Jahr 1544 frei. Danach führte dieser ein typisches Korsarenleben. Er ließ sich im tunesischen Djerba nieder und spezialisierte sich auf das Kapern von Weizenschiffen, die aus sizilianischen Häfen ausliefen; manchmal geriet ihm auch ein Schiff voller Pilger in die Hände, die auf dem Weg in das Gelobte Land waren. Im Jahr 1550 eroberte er die Kleinstadt Africa in Tunesien. Es war in Wahrheit nicht mehr als ein verfallenes größeres Dorf, doch für Dragut war es attraktiv, weil es über einen geschützten Hafen verfügte. Draguts Eroberung löste in Europa Alarmstimmung aus. Was, wenn dieses Africa »wichtiger würde als Algier«, wie der König von Neapel in einem Brief schrieb? Wenn daraus also eine Hochburg der Korsaren entstehen könnte? Ein fähiger Korsar, ein geschützter Hafen, die Nähe zu Italien – Africa hatte das Potenzial, ein neues Algier zu werden.

Im Frühjahr 1551 rüstete Dragut für eine neue Kapersaison. Die Nachricht erreichte Neapel und löste dort größte Unruhe aus. Man wartete auf die Schiffe des Genuesers Andrea Doria. Dieser berühmte, über achtzigjährige Admiral sollte im Auftrag von Kaiser Karl V. den Korsaren Dragut schlagen, ihm Africa entreißen und dadurch die Christen an den Küsten des Mittelmeeres beruhigen. Doria eroberte Africa, wenn auch unter größten Mühen. Doch es gelang ihm nicht, Dragut vernichtend zu schlagen. Der Korsar trieb weiter sein Unwesen. Nur ein Jahr nach seinem Feldzug gegen Africa brach Andrea Doria wieder nach Tunesien auf, um Dragut diesmal endgültig auszuschalten. In der Nähe von Lampedusa geriet die Flotte Dorias in einen fürchterlichen Sturm. Der Dominikanermönch und Historiker Tommaso Fazello berichtet in seiner 1577 erschienenen »Historia di Sicilia« Folgendes:

»Diese Insel ist zu meinen Zeiten wegen der Armee des Kaisers Karl V. berühmt geworden, die angeführt wurde von Kapitän Andrea Doria aus Genua und die hier einen schrecklichen Schiffbruch erlitt. Am 4. Juli des Jahres 1551 war Doria mit fünfzehn Galeeren aus Messina aufgebrochen, um der Stadt Africa Proviant zu bringen, da erhob sich das Meer und drückte die Galeeren Dorias des Nachts gegen Lampedusa. Die Wellen warfen sie gegen jenen Teil der Insel, wo die Felsen scharfkantig sind und der Strand steinig. Acht Galeeren zerbrachen an den Felsen, es starben mehr als 1000 Männer verschiedensten Ranges und verschiedenster Herkunft; und wenn es nicht das Licht der Blitze gegeben hätte, und wenn ihr blendend helles Aufzucken den niederprasselnden dunklen Regen nicht durchdrungen und dadurch den anderen Galeeren den Blick für das traurige Schicksal ihrer Kameraden freigemacht hätte. Wenn die überlebenden Galeeren also nicht auf diese Weise gewarnt worden wären, wären auch sie in dieser schrecklichen Nacht untergegangen.«

Geschichten wie diese wurden in Zeitungen, Flugblättern und Broschüren dem europäischen Publikum bis ins Detail nahegebracht. Die Lesenden durchfuhr dabei ein kalter Schauer, denn die geschilderten Schrecklichkeiten schienen ihnen allzu nahe und allzu bekannt. Jederzeit konnte jeder getroffen werden. Diese Angst war auch im weit entfernten England lebendig. Die Barbaresken waren hin und wieder bis an die Britischen Inseln vorgestoßen. 1627 segelten sie sogar bis nach Island, um dort auf Sklavenjagd zu gehen.

Als »Der Sturm« von William Shakespeare im Jahre 1611 im Whitehall Palace in London uraufgeführt wurde, konnten sich die Zuschauer die Gefahren ausmalen, die eine Reise nach Tunis mit sich brachte. Der im Drama geschilderte Untergang des königlichen Schiffes im aufgewühlten Meer muss ihnen nicht wie ein unwahrscheinlicher Unfall erschienen sein, sondern wie etwas, das häufiger geschah, wenn man auf dem Meer segelte, das von Stürmen wie von Piraten heimgesucht wurde. Die Zuschauer werden also gelitten haben mit König Alonso, der mit seinen eigenen Augen gesehen haben will, wie sein Sohn Ferdinand ertrank, während er selbst mit seinen Hofleuten es bis ans rettende Ufer schaffte, wo er nun stand und sich die bitteren Vorwürfe seines Bruders Sebastian anhören musste: »Herr, diesen Verlust habt ihr Euch selber zu verdanken. Ihr gönntet Europa nicht Eure Tochter, lieber verlort ihr sie an die Afrikaner!« Auf welche Seite wird sich der Zuschauer geschlagen haben – auf die des leidenden Vaters, König Alonsos, oder auf die des Königsbruders Sebastian, der das ganze Unternehmen verurteilt und wie einen Verrat am eigenen Volk darstellt?

Wo auf dieser Insel könnten König Alonso und seine Gefolgsleute gestrandet sein? Wo hat sie das Meer an Land gespült? Nicht hier, an diesen steilen Klippen im Norden Lampedusas. Ich fahre in den Westen der Insel, den die Einheimischen Ponente nennen, weil hier die Sonne sich senkt und jeden Abend ein prächtiges Spektakel veranstaltet, bevor sie im Meer verschwindet und der Nacht die Tore öffnet. Die Straße ist ein holpriges Asphaltband, das irgendjemand *La Panoramica* getauft hat. Wie weit ich auch nach Westen fahre, ich finde keinen Zugang zum Meer, überall nur steile Küste, an der Schiffbrüchige vom tosenden Meer zerschmettert würden wie die Schiffe des Genueser Admirals Andrea Doria. Lampedusa ist ein schroffer, abweisender Felsen im Meer und keine einladende Insel. Nach kurzer Zeit erreiche ich den Hafen. Alonso und seine Gefolgsleute könnten hier gelandet sein, das ist eine der wenigen Stellen, wo die Insel sich öffnet und ihre schmalen Arme ausbreitet, um Schiffe zu empfangen.

3. Vlora

Anfang der Neunzigerjahre war ich zum ersten Mal im Hafen von Lampedusa. Es war ein heißer Sommertag. Die Via Roma war leergefegt. Die Luft flirrte. Die Stadt war still. Am Morgen hatte sich die Nachricht verbreitet, dass Flüchtlinge erwartet wurden. Sie seien draußen auf dem Meer in letzter Not vor dem Untergang gerettet worden. Die Ankunft von Bootsflüchtlingen war damals für Lampedusa noch etwas Neues, und es lag eine gespannte Erwartung in der Luft. An der Mole standen Journalisten, Einheimische und Touristen und hielten Ausschau nach einem Flüchtlingsboot.

Wir alle hatten noch die Bilder aus dem Sommer 1991 im Kopf. Am 8. August dieses Jahres hatten viele Tausende Albaner im Hafen von Durrës das rostige Frachtschiff Vlora gekapert und sich damit an die italienische Küste aufgemacht. Die Menschen kauerten im Bauch dieses Schiffes. Sie standen dicht gedrängt an Deck, sie kletterten die Masten hoch. Mehr als zehntausend waren auf dem Schiff. Nur weg, nur weg! – Das jahrzehntelang isolierte kommunistische Albanien war zusammengebrochen. Die Schiffbrüchigen des Kommunismus zogen nun in das Gelobte Land, nach Italien, nach Europa. Sie kannten es nur aus Erzählungen, oder vom italienischen Fernsehen, das sie im kommunistischen Albanien zwar empfangen, aber nur mit dem Risiko einer Gefängnisstrafe sehen konnten. Im Hafen von Bari warteten Dutzende Carabinieri auf die Flüchtlinge. Sie trugen weiße Gummihandschuhe und wussten nicht recht, wie sie mit dieser Menschenmasse umgehen sollten. Niemand war auf einen Exodus dieses Ausmaßes vorbereitet. Es kam zu chaotischen Szenen, und es entstand tatsächlich der Eindruck, hier werde eine Grenze gestürmt und Italien könne sich nicht angemessen wehren. Die Regierung reagierte mit Härte. Sie pferchte die Flüchtlinge in einem Stadion ein und schob sie innerhalb weniger Tage allesamt wieder nach Albanien ab. Die Ordnung schien wiederhergestellt.

Das Frachtschiff Vlora jedoch wurde zur Ikone. Die italienische Bekleidungsfirma Benetton machte es wenig später zu einem Teil einer Werbekampagne, in der sie das Bild des überfüllten Schiffes bei seiner Ankunft im Hafen von Bari großflächig plakatierte. Man sah darauf, wie die Menschen ins Wasser sprangen, um das Ufer zu erreichen. Dieses Bild sank tief ein in das Bewusstsein der Italiener und der Europäer. Die plötzliche, massenhafte Flucht, der bildhaft so eindrucksvoll dargestellte Ansturm auf Europa, löste einen Schock aus. Man war darauf nicht vorbereitet, ja man hatte in jenen Jahren etwas ganz anderes erwartet.

1991 war der Kalte Krieg zu Ende gegangen, der Ostblock war zusammengebrochen. Im Westen sprach man von der »Friedensdividende« – alle Energien, die durch die jahrzehntelange Konfrontation mit der Sowjetunion gebunden gewesen waren, sollten sich nun freisetzen und zum Wohl der Menschen auf der ganzen Welt wirken können. Es lag Hoffnung in der Luft. Immerhin hatten sich die osteuropäischen Völker friedlich vom Joch des Kommunismus befreit. Die Aufbruchsstimmung förderte den Glauben, dass nun das »Ende der Geschichte« erreicht sei. So lautete der Titel eines Buches des amerikanischen Politologen Francis Fukuyama. Darin hieß es, dass mit dem Zusammenbruch des Ostblocks sich das westliche, liberaldemokratische Modell als siegreich erwiesen habe. Jetzt müsse man nur mehr daran arbeiten, sich selbst zu verbessern. »Das Ende der Geschichte« wurde ein Bestseller. Im Westen war man von sich überzeugt, die Zukunft erschien wie ein Versprechen. Das Frachtschiff Vlora aber zeigte, dass nicht das Ende der Geschichte erreicht worden war, sondern dass sich ihr Rad weiterdrehte, einer neuen Zeit entgegen.

Diese würde im Zeichen der Migration stehen, die durch ein extremes Gefälle zwischen Arm und Reich ausgelöst wurde. Das war die Botschaft des Massenexodus aus Albanien.

Als die »Vlora« im Sommer 1991 im Hafen von Bari anlegte, waren in Italien bereits die ersten Erschütterungen eines politischen Erdbebens zu spüren, welches wenige Monate später das gesamte Parteiensystem zum Einsturz bringen sollte. Es stellte sich heraus, dass der Kalte Krieg das Fundament für die gesamte italienische Machtarchitektur der Nachkriegszeit gebildet hatte. Mehr als vier Jahrzehnte lang hatten zwei Massenparteien Italien dominiert, die die ideologische Auseinandersetzung zwischen Ost und West auf nationaler Ebene widerspiegelten: die Christdemokraten (Democrazia Cristiana) und die Kommunisten (Partito Comunista Italiano). Beide Parteien lösten sich auf. Die Christdemokraten versanken in einem Sumpf aus Korruption, die Kommunisten verloren mit dem Ende des Kommunismus ihre Identität und versuchten, sich mehr oder weniger erfolgreich zu sozialdemokratisieren. Das Ende dieser Parteien öffnete auf dem Marktplatz der Politik Raum für neue Akteure – einer davon war die »Lega Nord«. Diese Partei hatte seit ihrer Gründung in den Achtzigerjahren vor allem gegen die »diebische Hauptstadt Rom« gewettert und propagierte die Trennung des Nordens vom Rest Italiens. Doch dann kamen die Boote nach Lampedusa immer häufiger, die Medien stürzten sich mit fiebriger Erregung auf diese »Neuigkeiten«. Der Rundfunk- und Fernsehmarkt war erst vor wenigen Jahren liberalisiert worden. Die staatlichen Medien bekamen Konkurrenz durch private Sender. Jeder versuchte den anderen durch Sensationsmeldungen zu übertrumpfen. Die Flüchtlingsboote, die in Lampedusa landeten, waren für diese überhitzte Medienmaschinerie ein gefundenes Fressen. Viele Berichte klangen wie Frontmeldungen aus einem unerklärten Krieg. Die Einwanderungsdebatte hysterisierte sich.

Die Lega Nord fachte die Stimmung zusätzlich an und ging mit dem Bild des mit Menschen überfüllten Frachtschiffes

Vlora aus Durrës hausieren. Das Wort »Invasion« fand Eingang in den täglichen politischen Sprachgebrauch und waberte immer häufiger wie giftiger Nebel durch die Öffentlichkeit. Ängste, die über viele Jahre auf den kommunistischen Gegner gerichtet waren, hatten nun ein neues Objekt gefunden, an das sie sich heften konnten. Die Lega Nord plakatierte das Bild der »Vlora« in den Straßen des italienischen Nordens und schrieb darunter: »Wir stoppen die Invasion!« Die Migranten wurden als Menschen dargestellt, die darauf aus waren, den Europäern die Früchte ihres hart erarbeiteten Wohlstandes wegzunehmen. Sie waren in dieser Diktion Barbaren und Parasiten zugleich. Eine Gefahr, die es abzuwehren galt.

4. Geiseln

Das politisch-mediale Klima war also aufgeheizt, während wir im Hafen von Lampedusa darauf warteten, dass das Flüchtlingsboot einlief. Wir schauten auf das Meer hinaus und erwarteten, dass dort die »Invasoren« auftauchten, von denen so viel die Rede gewesen war. Doch am Horizont war nichts zu sehen, nur die weißen Segel der Urlauberboote kreuzten friedlich auf dem Wasser. Ein Fischer mit braun gebranntem Gesicht erzählte mir beiläufig, er habe vor einigen Wochen in seinem Netz eine halbzerfressene Leiche gefunden. »Der Mann war schwarz. Ein Migrant«, sagte er tonlos und berichtete weiter, dass die Schuhe noch an den Füßen des Toten festgebunden und intakt gewesen seien. »Nike-Turnschuhe, oder war es Adidas?«, sagte er, dachte kurz nach und fügte hinzu: »Es war jedenfalls eine dieser Marken, die bei den Jugendlichen so populär sind!«

»Ja«, antwortete ich, »diese Marken haben ein gutes Image.«

»Die dort drüben, die wollen so leben wie wir«, sagte der Fischer und zuckte mit den Schultern. »Das kann man ihnen doch nicht vorwerfen.«

Ich nickte zustimmend. Da gesellte sich ein zweiter Fischer zu uns und begann darüber zu klagen, dass man natürlich diese Menschen vor der gefährlichen See retten müsse, keine Frage, aber man solle sich doch bitte auch um die italienischen Staatsbürger kümmern.

»Was meinen Sie damit?«

»Ein Verwandter von mir sitzt in Libyen in Haft, seit vier Jahren schon!«

»Warum denn?«

»Er ist versehentlich in libysche Gewässer geraten!«

»Und dafür sitzt er seit vier Jahren in einem Gefängnis?«

»Er ist ja nicht verurteilt, er wird nur festgehalten.«

»Aber warum?«

Der Mann, er war um die fünfzig Jahre alt, schaute mich an, als sei ich begriffsstutzig.

»Na, deswegen!«, sagte er und rieb Daumen und Zeigefinger aneinander.

»Geld?«

»Ja, die wollen Lösegeld!«

»Das kann doch nicht sein?«

»Warum nicht?«

»Das ist ja …«, sagte ich, »dann ist er ja – eine Geisel?«

»Genau, eine Geisel«, lächelte er und fügte hinzu: »Wir sammeln Geld, um ihn freizukaufen. Wollen Sie spenden?«

In der Bitte dieses Fischers, ausgesprochen in den Neunzigerjahren des zwanzigsten Jahrhunderts im Hafen von Lampedusa, wurde das Zeitalter der Korsaren wieder lebendig. Der Mensch war damals wie jedes andere Gut eine Handelsware, die nach Stand, Herkunft, nach Frische und Haltbarkeit auf den vielen Sklavenmärkten des Mittelmeeres einen entsprechenden Preis erzielen konnte. Die Gefangenen wurden unterteilt in Sklaven und Geiseln. Die Sklaven wurden verkauft, während die Geiseln Lösegeld einbringen sollten. Die allermeisten Gefangenen landeten auf den Galeeren, wo sie unter den Peitschenhieben ihrer Peiniger rudern mussten, bis ihre Lungen platzten. Die Toten warf man schnell über Bord und füllte ihre Plätze mit frischen Sklaven auf, die ebenfalls kaum Aussicht hatten, je wieder in Freiheit leben zu können. Die Galeerensklaven waren an die Ruderbänke festgeschmiedet. Wenn ihr Schiff sank, sanken sie mit. Sie waren der Treibstoff der Schiffe. Die Geiseln hingegen hielt man fest, bis man ein Lösegeld erpresst hatte. Das konnte Jahre dauern; es waren Jahre unter harten Bedingungen: »Ich nun war einer von denen, deren Loskauf für sicher galt. Da man nämlich wusste, dass ich Hauptmann war, so half es mir nichts, dass ich mein Unvermögen und meine Armut schilderte, und es hinderte nicht, dass ich unter die Zahl derer gesetzt wurde, deren Loskauf in Aussicht stand. Man legte mir eine Kette an, mehr zum Zeichen, dass ich zum Loskauf bestimmt sei, als um mich damit sicherer festzuhalten; und so lebte ich in diesem Bagno (Gefängnis, Anm. d. A.) mit vielen anderen Edelleuten und vornehmen Herren, die zur Auslösung bestimmt waren oder für vermögend dazu gehalten wurden. Und obschon wir häufig, ja fast beständig unter Hunger und Blöße zu leiden hatten, so litten wir doch am meisten darunter, dass wir jeden Augenblick die nie erhörten und nie gesehenen Grausamkeiten hören und sehen mussten, die mein Herr gegen die Christen verübte. Er ließ jeden Tag einen Mann aufknüpfen, ließ den einen pfählen, dem andern die Ohren abschneiden, und dies aus so geringfügigem Grunde oder so gänzlich ohne Grund, dass sogar die Türken einsahen, er tue es nur um des Tötens willen und weil er von der Natur darauf angelegt war, der Schlächter des ganzen Menschengeschlechtes zu sein.« Der Mann, der dies in seinen Erinnerungen niederschrieb, saß fünf Jahre lang (1575–1580) als Geisel in Algier. Er hieß Miguel de Cervantes und er sollte später den Klassiker der Weltliteratur »Don Quijote« schreiben.

Lösegeld war eines der zentralen, der einträglichen Geschäfte der Barbaresken. In Algier, Tunis und Tripolis wimmelte es in den Gefängnissen nur so von Geiseln, die verzweifelt viele Jahre lang auf ihre Auslösung warteten. Das Geschäft mit den Geiseln hielt sich noch über Jahrhunderte nach dem Tod Hayrettin Barbarossas. Als Johann Wolfgang Goethe auf seiner Italienreise in Palermo ankam, bemerkte er in den Straßen einen »langen, hageren Herren, welcher in der Straßenmitte, hofmäßig gekleidet, anständig und gelassen über den Mist einher schritt, frisiert und gepudert, den Hut unter dem Arm, in seidenem Gewand, den Degen an der Seite, ein nettes Fußwerk mit Steinschnallen geziert; so trat der Bejahrte ernst und ruhig einher; aller Augen waren auf ihn gerichtet«. Goethe fragte seinen Begleiter, wen er hier vor sich habe, und bekam zur Antwort: »Das ist der Prinz Palagoni (...), welcher von Zeit zu Zeit durch die Stadt geht und für die in der Barbarei gefangenen Sklaven ein Lösegeld zusammenheischt. Zwar beträgt dieses Einsammeln niemals viel, aber der Gegenstande bleibt doch im Angedenken und oft vermachen diejenigen, welche bei Lebzeiten zurückhielten, schöne Summen zu diesem Zweck.«

Die Welt der Barbaresken war für Goethe noch lebendig, doch im 19. und 20. Jahrhundert verblasste die Erinnerung an sie. Die europäischen Staaten errangen in diesen Jahrhunderten die unbestrittene Vorherrschaft im Mittelmeer. Frankreich eroberte Algerien und errichtete ein Protektorat über Tunesien. Die Barbaresken schienen Teil einer längst vergangenen Geschichte. Wie ich aber durch die Worte des Fischers von Lampedusa erfuhr, war diese Zeit am Rande Europas noch präsent – nicht nur als Erinnerung, sondern als gelebter Alltag. Es mag sein, dass der Verwandte des Fischers, der in Libyen festgehalten wurde, eine seltene Ausnahme war. Doch wenige Jahre nachdem ich von diesem Schicksal erfahren hatte, wurden in Libyen fünf bulgarische Krankenschwestern und ein palästinensischer Arzt verhaftet. Man warf ihnen vor, sie hätten in einem Krankenhaus in Bengasi 400 Kinder absichtlich mit HIV infiziert. Die sechs Angeklagten wurden zum Tode verurteilt. Nach vielen Interventionen insbesondere der französischen Regierung und nach langwierigen Verhandlungen kamen die Verurteilten nach acht Jahren frei. Niemand bekannte sich offiziell dazu, aber für diese Geiseln wurde ein hohes Lösegeld bezahlt (rund 100 Millionen Euro). Nassja Nenova, eine der bulgarischen Geiseln, berichtete Jahre später Folgendes aus ihrer Haftzeit: »Schlimm ist die Angst vor neuer Folter. In den Zimmern war es eng und dunkel. Morgens wünschte ich mir nur eins: Der Tag sollte vorbeigehen. Und gleichzeitig fürchtete ich mich vor dem Tag danach. Abends wünschte ich mir, der neue Tag solle niemals anbrechen. Es schien keine Erlösung zu geben. Ich wollte verschwinden, verdampfen, nicht mehr da sein. Am 16. April 1999 kam einer der Folterer und fragte mich, ob ich ihm etwas Neues sagen wollte. Ich erschrak, ich war verzweifelt, denn das bedeutete, dass er mich wieder foltern würde. Ich verstand, dass mich neue Elektroschocks erwarteten. In meinem Zimmer gab es ein Bücherregal. Eine Vitrine war kaputt, Scherben lagen auf dem Boden. Mit einer schnitt ich meine Venen auf. Ich wollte das nicht mehr ertragen. Ein Wachmann fand mich, ich wurde ins Krankenhaus gebracht.«

»Wollen Sie nicht spenden?« Der Fischer fragte mich noch einmal, doch war es wohl scherzhaft gemeint, denn er lächelte verschmitzt.

»Naja, eigentlich …«

»Wir haben im ganzen Ort gesammelt und fast alle haben gespendet, denn die Lampedusaner kennen das Problem«, begann er zu erzählen, ohne weiter darauf einzugehen, ob ich nun etwas zur Befreiung seines Verwandten beitragen wollte. »Nur der Staat, der versteht das alles nicht, der will von dem allen nichts wissen!«

»Was meinen Sie damit?«

»Ich gebe Ihnen ein Beispiel: Im Zuge unserer Spendensammlung habe ich auch beim Hauptmann der Carabinieri angeklopft, aber der hat mich davongejagt. So ist das!«

»Aber was hat er denn gesagt?«

»Er sagte: ›Ich bin ein Beamter des Staates, ich kann für so jemanden nicht spenden. Das geht nicht!‹ Dann warf er mich hinaus!«

Ich wurde stutzig. »Warum denn ›für so jemanden‹, was meinte der Hauptmann der Carabinieri damit?«

Der Fischer stockte. Er hatte sich verplaudert.

»Also, naja, mein Verwandter, der war vielleicht nicht ganz sauber, als er da in den libyschen Gewässern herumfuhr, das kann schon sein.«

»Nicht ganz sauber?«

»Wir sind Fischer. Arme Fischer, da müssen wir schauen, wo wir bleiben.«

Dann wandte er sich ab und ließ mich allein mit allerlei Vermutungen. Der Verwandte des Fischers könnte Schmuggelware an Bord gehabt haben, vielleicht waren es Drogen. Es konnte also einen guten Grund dafür geben, dass er im Gefängnis saß. Das würde auch erklären, warum der Hauptmann der Carabinieri geradezu empört auf die Spendenanfrage reagiert hatte. Wenn meine Vermutung stimmte, dann hätte der Fischer verlangt, dass ein Polizist für die Befreiung eines mutmaßlichen Gesetzesbrechers Geld spenden sollte. Das war natürlich eine Absurdität. Doch gleichzeitig war es folgerichtig. Denn der Fischer, der den Hauptmann um Geld bat, sah in ihm keinen Vertreter des Staates, der sich an Recht und Gesetz halten musste, sondern einen Bewohner Lampedusas. Als solcher lebte er auf einer Insel, die so fern vom Staat war, dass sie ihren eigenen Regeln folgte. Dazu gehörte, dass man einem in Not geratenen Landsmann helfen musste, auch wenn dieser vielleicht gegen die Gesetze des Staates verstoßen hatte. Lampedusa war für diesen Mann ein extraterritoriales Gebiet.

5. HOFFNUNG

Schließlich kam das Boot mit den Flüchtlingen, auf das wir warteten. Ein Schiff der italienischen Küstenwache schleppte es in den Hafen. 71 Menschen waren auf dem Boot. Es war bis an den Rand gefüllt. Schon auf den ersten Blick konnte man erkennen, wie fragil es war, ein etwas höherer Wellengang würde reichen, um es zum Kentern zu bringen. Wir konnten aus der Ferne beobachten, wie die Flüchtlinge mithilfe von italienischen Sicherheitskräften an Land gingen. Sie wankten. Offenbar waren sie völlig erschöpft. Sie bekamen Wasser zu trinken und man wies sie an, sich auf den Boden zu setzen und zu warten. Wir konnten nicht mit ihnen sprechen. Sie waren jetzt in den Händen des italienischen Staates. Er hatte damit begonnen, die Migranten als ein Phänomen zu betrachten, das man möglichst ohne Aufsehen zu erregen »verarbeiten« müsse. Das war eine Folge des Schocks der »Vlora« aus Albanien. Je stärker rechtspopulistische Parteien in der Öffentlichkeit den Verdacht nährten, dass man es hier mit einem Ansturm von Menschen mit unlauteren Motiven zu tun habe, je stärker die Ressentiments geschürt wurden, desto größer wurde der Druck auf die Behörden, dieses »Flüchtlingsproblem« möglichst geräuschlos zu behandeln.

Mehr als ein Jahrzehnt nachdem die ersten Flüchtlingsboote in Lampedusa angekommen waren, schloss die italienische Regierung mit Libyen ein bis dahin beispielloses Abkommen. Libyen erklärte sich bereit, alle Flüchtlinge, die von seinem Staatsgebiet aus nach Italien aufgebrochen waren, wieder zurückzunehmen, und es verpflichtete sich dazu, seine eigenen Grenzen strenger zu kontrollieren. Italien machte den damals noch herrschenden libyschen Diktator Muammar al-Gaddafi zu einem Türsteher Europas. Er wurde für seine Dienste fürstlich entlohnt. Millionen Euro flossen nach Tripolis. Die libyschen Sicherheitskräfte erhielten umfangreiche Materiallieferungen. Europa schloss auch mit anderen nordafrikanischen Staaten ähnliche Abkommen, mit Marokko, Algerien, Tunesien und Ägypten. Gleichzeitig befestigte es diese Grenze mit einer eigens für die Abwehr von Flüchtlingen geschaffenen Grenzwacht. 2004 wurde die europäische Grenzagentur Frontex gegründet. Im Lauf der Jahre entwickelte sich Frontex zu einer modernen Überwachungsmaschine. Sie erhielt Schiffe, Helikopter, Personal und Überwachungstechnik vom Feinsten sowie ein jährliches Budget von vielen Millionen Euro.

Europa verschob seine Grenzen de facto immer weiter nach Süden in die nordafrikanischen Staaten hinein, deren autoritäre Regime einen harschen Umgang mit den Migranten pflegten. Die Grenzen lagen nun weit außerhalb des Blickes europäischer Bürger. Und dort spielte sich Schreckliches ab, besonders in Libyen, im Land des Diktators. Die libyschen Sicherheitskräfte setzten Migranten häufig einfach in der Sahara aus und überließen sie ihrem Schicksal, was oft genug hieß: Sie gingen dort zugrunde.

Die Voraussetzung für das Abkommen zwischen Italien und Libyen war die Eingliederung des Parias Gaddafi in die internationale Gemeinschaft. Er hatte über Jahrzehnte bewaffnete Gruppen auf der ganzen Welt unterstützt, sein Geheimdienst war in eine Reihe von Anschlägen verwickelt. Der schlimmste ereignete sich 1988. Damals explodierte über der schottischen Stadt Lockerbie eine Passagiermaschine. 270 Menschen starben. Die Spuren der Attentäter führten nach Tripolis. Gaddafi betrieb außerdem über Jahre ein geheimes Atomwaffenprogramm. Es gab also viele Gründe, ihn zu ächten. Doch um die Jahrtausendwende änderte der Diktator seine Politik. Er suchte wieder Anschluss an die internationale Gemeinschaft. Er gab sein Atomwaffenprogramm auf, er stimmte einer Gerichtsverhandlung gegen die mutmaßlichen Urheber des Attentats von Lockerbie zu, er gab sich auf allen Ebenen konziliant und geläutert. Der »verrückte Hund«, wie ein amerikanischer Präsident ihn in den Achtzigerjahren genannt hatte, wollte zahm werden. Die europäischen Regierungschefs reagierten sofort. Der englische Premierminister, der deutsche Bundeskanzler, der französische Präsident, der italienische Premier – sie alle gaben sich bei Gaddafi die Klinke in die Hand.

In Lampedusa war diese abrupte Wendung der internationalen Politik mit besonderem Interesse registriert worden. Denn Gaddafi hatte im Jahre 1986 Scud-Raketen sowjetischer Bauart auf die Insel abgeschossen. Ein Sprecher des »Libyschen Volksbüros« sagte damals, Libyen werde Lampedusa zerstören. Nichts ließe die libyschen Streitkräfte davon abbringen. Gaddafi war wütend, weil amerikanische Kampfbomber seinen Sitz in Tripolis bombardiert hatten, durchaus in der Absicht, ihn zu töten. Er kündigte nun an, zurückzuschlagen und das »Spionagenest« Lampedusa auszulöschen. Aus der Zerstörung der Insel durch libysche Hand wurde aber nichts. Gaddafis Drohungen entpuppten sich als das Geschrei eines Großmauls, das zwar gefährlich war, das aber gegen das NATO-Mitglied Italien nicht ankommen konnte. Mehr als zwei Scud-Raketen feuerte er nicht ab, und die fielen wahrscheinlich drei Kilometer vor Lampedusa ins Wasser. Niemand weiß es genau. Es war eine Farce, die allerdings unerwartete Folgen hatte. Lampedusa war mit einem Schlag weltberühmt geworden. Selbst Italiener hatten die Insel vor dem libyschen »Angriff« kaum gekannt. Sie war ein Geheimtipp gewesen. Nun war sie in aller Munde. Die Regierung in Rom demonstrierte Gelassenheit und übte sich in Solidarität mit den »bedrohten« Lampedusanern. Sie subventionierte die Preise für Flüge und Überfahrten auf die Insel, was zu einem erheblichen Anstieg der Besucherzahlen führte. Eine Zeitlang begleiteten italienische Kampfjets Linienflüge nach Lampedusa, und ein Kriegsschiff eskortierte die Fähre aus Sizilien bis in den Hafen. Als sich der »Kriegsnebel« lichtete, war Lampedusa zu einer Insel des Massentourismus geworden.

Lampedusas Schicksal blieb aber mit dem Libyens verbunden. Der geläuterte Gaddafi hatte neben dem Öl und dem Gas, das in seinem Land lagerte, noch eine dritte Ressource entdeckt. Durch Libyen verliefen Flüchtlingsströme aus Afrika. Flüchtlinge wurden für ihn zu einem Rohstoff, aus dem er Profit ziehen konnte. Die Rolle des Hilfspolizisten wurde umso wichtiger, je höher Europa die unsichtbaren Festungsmauern im Mittelmeer zog. Je weniger Schlupflöcher es gab, desto mehr Flüchtlinge mussten durch sie hindurch, desto dichter das Gedränge. Libyen war so ein Schlupfloch. Gaddafi konnte es je nach Bedarf öffnen und schließen.

Doch dann geschah das Unerwartete. 2011 brach in Libyen ein Aufstand gegen den Diktator aus. Die Europäer schlugen sich auf die Seite der Rebellen. Die NATO schickte Kampfflugzeuge. Sie bombardierten die Stellungen der libyschen Armee. Gaddafi warnte öffentlich, er werde nun die Schleusen aufmachen und dann würde Europa von Flüchtlingen überschwemmt werden. Man werde noch sehen, was man an ihm habe. Das war zwar die Übertreibung eines Diktators, der wankte und wenig später stürzen sollte. Doch sie zielte auf die tiefsten Ängste der Europäer. Die Angst vor einer Menschenflut. Am 20. Oktober 2011 wurde Gaddafi von Aufständischen gelyncht. Ein Türsteher Europas war tot.

Anfang der Neunzigerjahre, als ich mit vielen anderen am Hafen stand, um die Ankunft des ersten Flüchtlingsbootes in Lampedusa zu sehen, war die europäische Flüchtlingsverarbeitungsmaschine noch nicht dermaßen perfektioniert. Gaddafi war ein international geächteter Diktator. Noch war gar keine Rede davon, dass Europa seine Grenzen de facto nach Nordafrika vorverlegen würde. Noch war viel Improvisation am Werk, auch in Lampedusa. Wir hatten damals im Hafen keinen direkten Zugang zu den Angekommenen. Wir konnten sie nur aus der Distanz sehen. Aber diese Abschottung war eine der wenigen Maßnahmen, welche die Behörden setzten. Es ging damals ansonsten noch recht leger zu. Es gab keine Transportmöglichkeiten für die Dutzenden Flüchtlinge, und so gingen sie zu Fuß in das Aufnahmelager, das am Flughafengelände lag. Niemand störte sich daran. Ja, die Flüchtlinge wurden mit Neugier und Sympathie betrachtet.

Als sie im Hafen losgingen, dämmerte es bereits. In Zweierreihen schlurften sie über die Hafenstraße den Hügel hinauf. Die Gassen der Stadt waren erfüllt vom Scharren ihrer Füße. Im Scheinwerferlicht der sie begleitenden Polizeifahrzeuge hing wie ein Schleier der Staub, den sie aufwirbelten. Das also waren die »Invasoren«, müde Geschöpfe, die eine gefahrvolle Reise hinter sich hatten und nun, von Polizisten eskortiert, durch die dunklen Gassen eines kleinen Ortes schlurften, den Blick zu Boden gerichtet, als müssten sie sich für etwas schämen. Nicht einmal ein Flüstern drang durch ihre Lippen.

Bei diesem Anblick dachte ich an den italienischen Dichter und Filmemacher Pier Paolo Pasolini. Ihm waren die Gesichtszüge dieser Männer vertraut, ihre schwarzen Haare, die dunkle, glatte Haut, die sehnigen Körper. Pasolini hatte in den Siebzigerjahren viele Reisen nach Nordafrika, in den Maghreb und in die Levante unternommen. Er suchte dort jene Authentizität, die er in Italien schwinden sah. In den Fünfziger- und Sechzigerjahren des letzten Jahrhunderts vollzog sich in seiner Heimat ein fundamentaler ökonomischer Wandel. Bis weit in die Fünfzigerjahre war Italien ein Agrarstaat, geprägt auch von starken Dialekten in den einzelnen Regionen, doch innerhalb von nicht einmal zwei Jahrzehnten wurde es zu einem modernen Industriestaat. Traditionelle Lebenswelten verschwanden in der Hitze der kapitalistischen Beschleunigung. Millionen Menschen machten sich auf den Weg, aus dem agrarisch geprägten Süden Italiens wanderten sie in die Fabriken des Nordens, nach Turin und Mailand, entwurzelt und doch auch frei. Viele Menschen konnten sich zum ersten Mal Konsumartikel kaufen, auf den Straßen Italiens zirkulierte der Fiat 500, das Auto des kleinen Mannes, und der Motorroller Vespa wurde zum weltweiten Symbol für italienische Eleganz und Mobilität. Es war eine Zeit des hemmungslosen Optimismus und des massenhaften Konsums.

Pasolini betrachtete dies alles mit Grauen. Er war 1922 in die bäuerliche, arme Welt des Friaul hineingeboren worden. Seine ersten Gedichte schrieb er in friaulischem Dialekt. Für ihn waren Weltoffenheit und Provinz keine Gegensätze, sondern sie waren auf unauflösliche Weise verbunden. Das eine konnte ohne das andere nicht existieren. Während das auf Modernität versessene Italien blindlings an den Fortschritt glaubte und zunehmend jede Form von Tradition als Rückständigkeit denunzierte, verteidigte er sie mit großer Vehemenz. Er sah in ihr eine Kammer des Eigenen, eine Kapsel des Widerstandes gegen die gewaltige Kraft des Kapitalismus, der alles zu einem Einheitsbrei zerstampfte. Pasolini verehrte das Leben in allen seinen Formen. Es war ihm heilig. In vielen seiner Texte beklagte er in wütender Trauer den Untergang der alten Welt und attackierte den überall sich breitmachenden Konsumismus: »Die neue Macht, die von uns allen gemeinsam geschaffen worden ist, hat jede bisherige Kultur zerstört, um ihre eigene Kultur zu errichten, die aus nichts anderem als Produktion und Konsum besteht und daher aus falschem Glück. Weil euch alle Werte geraubt wurden, lebt ihr in einer Leere, in der es keine Orientierung und keine Würde mehr gibt. Die wenigen Eliten unter euch ersticken zum einen am Konformismus, zum andern an der Verzweiflung.« Pasolini bescheinigte den Italienern eine »anthropologische Mutation«. Er stemmte sich ihr wortgewaltig entgegen.

>Ich bin eine Macht aus vergangenen Zeiten.
Nur in der Tradition liegt meine Liebe.
Ich komme von den Ruinen, von den Flügelaltären,
den Kirchen,

von den verlassenen Dörfern des Apennin und den
    Vorgebirgen der Alpen,
wo die Brüder einst lebten.
Wie ein Narr irre ich über die Tuscolana
die Via Appia, wie ein Hund ohne Herr.
Oder ich schaue die Dämmerungen, die Morgen
über Rom, über der Ciociaria, über der Welt,
wie die ersten Szenen der Nachgeschichte, deren Zeuge ich bin,
    dank dem Datum meiner Geburt,
vom äußersten Rand einer Zeit,
die begraben ist. Ein Monster ist, wer aus dem Leib
einer toten Mutter geboren.
Und ich, erwachsener Fötus, irre,
ein Modernerer als die Modernsten,
um die Brüder zu suchen, die nicht mehr sind.«

Pasolini hatte eine besondere Beziehung zum Meer. Als er im
Alter von zehn Jahren seiner Mutter begeistert mitteilte, dass
er »Dichter und Meereskapitän« werden wollte, lebte er im
italienischen Hinterland, im Friaul. Sacile, Scandiano, Parma,
Conegliano, Belluno, Casarsa, Cremona, so hießen die Orte,
in denen er aufwuchs, und keiner liegt am Meer. Doch wie
Hunderttausende anderer italienischer Jungen jener Zeit las
Pasolini die Abenteuerromane des Veroneser Schriftstellers
Emilio Salgari. Die Helden dieses Schriftstellers sind Pira-
ten, Seeräuber und Freibeuter der Weltmeere. Pasolini verschlang die Werke Salgaris. Er fieberte mit Sandokan, dem
»Tiger von Malaysia«, der im Gelben Meer mit Mut und noch
größerer List gegen holländische und britische Kolonialtrup-
pen kämpfte. Er träumte sich an die fernsten Küsten. Er selbst
sagte viel später, dass »mein erstes und wichtigstes« Buch der
Geografieatlas gewesen sei. Im Jahre 1959 fuhr Pasolini im
Auftrag einer Zeitung die ganze Küste Italiens entlang, von
Ventimiglia in Ligurien über Neapel nach Sizilien, und dann
wieder nach Norden bis nach Triest. In drei Monaten legte er

3000 Kilometer zurück, immer am Wasser entlang. Pasolini schrieb mit Begeisterung über den ursprünglichen Charakter des Südens, während er an den Badestränden der Adria mit Entsetzen die Vorboten des Massentourismus registrierte. Er sah auch darin die alles umstürzende Kraft des Kapitalismus am Wirken. Angesichts dieser von ihm als Katastrophe empfundenen Entwicklung ging sein Blick von der italienischen Küste über das Meer. Er schaute nicht mit Sorge und Bangigkeit auf die andere Seite des Mittelmeeres, sondern mit freudiger Erwartung der »Brüder, die nicht mehr sind«. Er sah die Menschen von jenseits des Meeres kommen, und er hieß sie willkommen.

»*Alì mit den blauen Augen,*
einer der vielen Söhne der Söhne,
wird von Algier kommen, auf Schiffen
mit Segeln und mit Rudern. Es werden
mit ihm Tausende Männer sein
mit den schmächtigen Körpern und den Augen
der armen Hunde der Väter.
Auf den Booten, die in den Reichen des Hungers vom Stapel
    gingen, werden sie Kinder mit sich bringen, und das Brot
    und den Käse, in den gelben Papieren des Ostermontags.
Sie werden die Frauen und die Esel bringen, auf den Schiffen,
    die sie in den Kolonialhäfen gestohlen haben.
Sie werden in Crotone an Land gehen und in Palmi,
zu Millionen, in asiatischen Lumpen gekleidet, und in amerika-
    nischen Hemden.
Sofort werden die Kalabresen sagen,
wie die Straßenräuber zu den Straßenräubern:
›Hier sind die alten Brüder,
mit den Kindern und dem Brot und dem Käse!‹
Von Crotone oder Palmi werden sie heraufkommen
nach Neapel, von dort nach Barcelona,
nach Saloniki und Marseille,

in die Städte des Verbrechens.
Seelen und Engel, Mäuse und Flöhe,
mit dem Samen der antiken Geschichte
werden sie vor den Willay fliegen

... und hinter ihnen Alì

mit den blauen Augen – sie werden unterhalb der Erde
  hervorkommen, um zu töten –
sie werden vom Grunde des Meeres auftauchen, um
  anzugreifen – sie werden von der Höhe des Himmels
  herabsteigen, um zu rauben – und bevor sie nach Paris
  kommen werden,
um die Freude am Leben zu lehren,
bevor sie nach London kommen werden,
um zu lehren, wie man frei ist,
bevor sie nach New York kommen,
um zu lehren, wie man Brüder sein kann,
werden sie Rom zerstören,
und auf seinen Trümmern
werden sie den Samen
der alten Geschichte setzen.
Dann mit dem Papst und jedem Sakrament
werden sie wie Zigeuner
nach Nordwesten gehen
mit den Roten Fahnen
Trotzkis im Himmel ...«
(Übersetzung des Autors)

An dieses Gedicht musste ich denken, als die Flüchtlinge nun durch die Gassen Lampedusas gingen, an die Hoffnung Pasolinis, dass von der anderen Seite des Meeres jemand kommen möge, der die Europäer befreit von den selbst angelegten Fesseln des Konsums; jemand, der allein durch seine unverfälschte Existenz zeigt, was wir verloren und aufgegeben hatten. Und ich dachte daran, was das für ein Italien war, in dem einer seiner größten Dichter solche Zeilen schreiben konnte; wie empfänglich muss es doch damals gewesen sein für das Neue und das Andere. In jenen Jahren ließen Millionen Italiener ihre Familien zurück, stiegen in einen Zug, mit leichtem Gepäck nur, mit der Hoffnung und dem Versprechen, dass sie die zurückgelassenen Angehörigen nachholen würden oder ihnen zumindest genügend Geld schicken konnten, damit diese ein Leben ohne materielle Bedrängnis führen könnten. Sie schwärmten aus in fremde Länder, deren Sitten sie nicht kannten, sie begaben sich unter Menschen, deren Sprache sie nicht sprachen, sie verdingten sich in den Fabriken, für die sie nichts weiter waren als importierte Muskelkraft. Sie litten unter kaltem Wetter und ungewohntem Essen. Und in den langen, düsteren Wintermonaten plagte sie das Heimweh. Italien wurde zu einem Wohlstandsland, aber Migration war kein fremder Begriff. Er war Alltag für Millionen Italiener.

Während ich die Flüchtlinge in Zweierreihen an mir vorbeigehen sah, hörte ich die hässlichen Töne, die jetzt zu vernehmen waren, ich hörte das Wort von der »Invasion«, die man mit allen Mitteln stoppen müsse. Der Parteiführer der Lega Nord sagte damals: »Wir werden mit Kanonen auf die Flüchtlingsboote schießen.« Es war ein anderes Italien, ein anderes Europa, in das diese Menschen kamen, ein ängstliches und kleinmütiges, das nicht in Möglichkeiten denken konnte, sondern nur in Unmöglichkeiten. Der europäische Kontinent hatte sich das utopische Denken selbst ausgetrieben. Ein Poet von der Vorstellungskraft Pasolinis konnte noch ein Fenster in eine andere Welt aufstoßen. In den jungen Männern von jenseits des Meeres sah er eine unverbrauchte Kraft, ein revolutionäres Subjekt, das die Welt verbessern würde. Mit dem Zusammenbruch des Ostblocks aber brach auch das utopische Denken ein. Wer noch nach dem Fall der Mauer 1989 von Utopie sprach, machte sich verdächtig, denn dieses Wort war durch die Massenverbrechen des Kommunismus auf immer kontaminiert. Die westliche Gesellschaft begnügte sich damit, die Gegenwart zu verwalten. Warum auch nicht? War die bestehende nicht die beste aller Welten? Wenn es Probleme gab, dann konnte man sie wegorganisieren. Man stellte sich auf Abwehr ein.

Aber Pasolinis Vision von »Alì mit den blauen Augen«, der nach Europa kommen wird, »um die Freude am Leben zu lehren (...), um zu lehren, wie man frei ist«, nahm mehr als fünfzig Jahre, nachdem er sie formuliert hatte, für eine kurze, intensive Zeit Gestalt an. Im Winter 2010 gingen in mehreren arabischen Staaten Hunderttausende junge Menschen auf die Straße, um gegen die Diktatur zu demonstrieren. Tunesien, Libyen, Ägypten, Jemen – in wenigen Monaten fallen eine ganze Reihe von Despoten. Die Europäer sehen mit einer Mischung aus ungläubigem Staunen und verhaltener Hoffnung zu. Sie hatten sich daran gewöhnt, diese jungen Menschen von jenseits des Meeres als bedrohliche Masse wahrzunehmen, die an die Tore Europas schlägt. Doch nun ergriffen ebendiese Menschen plötzlich das Banner der Freiheit und Demokratie und trugen es durch die Städte ihrer Heimatländer. Sie riskierten dafür ihr Leben. Nicht alles gelang, was diese nach Freiheit Dürstenden erreichen wollten, in manchen Ländern erneuerte sich die Despotie, andere versanken im Bürgerkrieg. Doch für einige Monate war die Utopie aufgeblitzt, nicht als eine abstrakte Idee oder ein theoretisches Konstrukt, sondern als eine lebendige, im buchstäblichen Sinne umstürzende Kraft – als unverzichtbarer Teil der menschlichen Existenz.

Das revolutionäre Feuer im Nahen Osten erlosch, es wurde erstickt. Die Europäer hatten für einige Monate mit Anteilnahme und verhaltener Freude über das Meer geblickt, doch nun tauchten sie wieder in ihren Wohlstandsalltag ein und fuhren mit der Verwaltung der Gegenwart fort. Auch in Lampedusa ging man nach dem anfänglichen »Schock« der ersten Flüchtlingsboote nach und nach dazu über, das »Migrationsproblem« effizienter zu organisieren. Das sichtbarste

Zeichen dafür ist das neue Aufnahmelager, das im Jahr 2006 in Lampedusa errichtet wurde. Es liegt in einem kleinen Tal, dem einzigen der Insel. Die Straße mündet in einer Sackgasse, kein Schild gibt einen Hinweis, worum es sich bei den Gebäuden handelt, noch wie man dahin kommt, auch wenn es jeder auf der Insel weiß. Wenn Flüchtlinge kommen, werden sie mit Bussen in das Lager gebracht, möglichst nachts, wenn die Straßen der Stadt leer sind. Die Behörden haben sich in Lampedusa alle Mühe gegeben, die Migration unsichtbar zu machen. Dieser Schleier der Unsichtbarkeit wird nur dann zerrissen, wenn vor der Insel Migranten zu Tode kommen. Dann wird über sie berichtet. Der Flüchtling rückt nur als Toter in das europäische Bewusstsein, als Lebender ist er ein Gespenst.

6. Revolution

Vom Hafen gehe ich zurück in die Via Roma. Der Wind hat etwas nachgelassen. Der Tag schreitet gemächlich seine Stunden ab. Auf der Straße sind ein paar Passanten zu sehen, trotzdem wirkt sie verlassen und trostlos. Die meisten Geschäfte haben zu dieser winterlichen Jahreszeit immer noch geschlossen. Sie werden wahrscheinlich erst wieder zu Saisonbeginn öffnen. Eine kleine schlanke Frau kommt mir entgegen. Auf ihrem Gesicht sitzt eine große schwarze Sonnenbrille. Das muss Angela Maraventano sein, denke ich.

Ich hatte sie angerufen, weil ich vor meiner Abreise nach Lampedusa gehört hatte, es gebe auf der Insel eine Senatorin der Lega Nord, nämlich ebendiese Angela Maraventano. Es erschien mir sehr kurios, dass ausgerechnet am äußersten Ende Italiens die Kandidatin einer Partei in den italienischen Senat gewählt wurde, welche die Abspaltung des Nordens vom Süden propagiert. Außerdem hatte die Lega Nord jahrelang die »meridionali«, die Süditaliener, als Klotz am Bein denunziert: Ohne den »meridione« könnte der Norden Italiens erst richtig aufblühen. Angela Maraventano war sofort bereit, mich zu treffen.

»Haben Sie etwas dagegen, dass wir im Freien bleiben? Ich muss rauchen«, begrüßt sie mich.

»Kein Problem!«

Wir setzen uns auf eine der geschwungenen Holzbänke, die mitten in der Via Roma stehen. Während wir unser Gespräch führen, wird Angela Maraventano immer wieder Passanten grüßen: »Ciao, come stai?« In Lampedusa kennt jeder jeden. Es ist ein winzig kleiner Ort. Doch da die Insel weltweit Schlagzeilen macht, gerät dies leicht in Vergessenheit.

»Die Lega Nord ist die einzige Partei, die sich um die wahren Probleme der Lampedusaner kümmert.« Mit diesem Satz begründet Angela Maraventano ihre Kandidatur für die Separatistenpartei. »Wir haben schlechte Schulen, keine Kindergärten, wir haben kein Krankenhaus, wir haben eine desolate Infrastruktur. Der Staat hat uns jahrzehntelang vernachlässigt. Die Region Sizilien hat nichts für uns getan. Niemand hört auf uns. Nur die Lega Nord. Als sie mich fragten, ob ich kandidieren möchte, da tat ich es.«

Die Lega Nord setzte sie auf ihre Liste, auf einen sicheren Wahlkreis im Norden des Landes. So kam Angela Maraventano nach Rom. Eine Zeitlang geisterte sie als *Pasionaria* durch die italienischen Medien, als eine bizarre Erscheinung, welche die Journalisten gerne vorführten. In einem Fernsehbericht über die Kandidatin Maraventano sieht man, wie sie in ihrer Wohnung die Fahne und die Halstücher der Lega Nord aus der Schublade zieht und entfaltet: »Schön, nicht?« Und etwas später sagt sie: »Ich habe keine Bildung, ich bin zwar keine Ignorantin, doch Bildung habe ich nicht! Aber ich will und kann lernen. Dann kann man auch erhobenen Hauptes durch die Welt gehen.«

Das ist ein Schlüssel, um zu verstehen, warum die Lega Nord eine Frau aus Lampedusa auf einen sicheren Platz ihrer Kandidatenliste setzte. Die Lega Nord versteht sich als Partei des Volkes. Sie feiert das Volk als letzte, als oberste Instanz der Demokratie. Das Volk hat immer recht.

Angela Maraventano redet sehr laut, und gewiss kann jeder Passant auf der Via Roma ihre Worte schon auf zehn Meter Entfernung verstehen. Sie ist Köchin aus Leidenschaft und Besitzerin des Restaurants *Il Saraceno*. Es liegt knapp unterhalb der Terrasse, in die die Via Roma einmündet, und hat einen freien Blick auf den Hafen von Lampedusa. Wenn Flüchtlingsboote im Schlepptau der italienischen Küstenwache einlaufen, kann man sie vom *Il Saraceno* aus gut sehen.

»Wie denken Sie über die Immigration?«, frage ich.

Angela Maraventano zieht an ihrer Zigarette. Sie ruft einem Vorbeigehenden ein »Ciao, come stai?« zu. Ein herrenloser Hund legt sich neben die Bank in die Sonne. Sie beachtet ihn nicht.

»Wie können wir den anderen etwas geben, wenn wir unsere eigenen Probleme nicht lösen können? Das denke ich. Ich kämpfe dafür, dass sich die Lage für unsere Insel bessert. Denn ich will auf meiner Insel sterben, ich will meine Kinder hier großziehen. Die Kinder meiner Kinder müssen in meiner Heimat zur Welt kommen. Auf diesem Felsen, den wir nicht verlassen können. Er ist so schön, dass wir ihn nicht verlassen können.

Was können wir für diese armen Leute tun? Warum kämpfen sie nicht dafür, die Lage in ihren Ländern zu verbessern? Sie haben alles, es fehlt ihnen an nichts. Sie haben das Meer, die Sonne, die Erde. Sie haben leider eine andere Situation als wir hier, aber früher oder später müssen sie diese Lage ändern. Sie können doch nicht ihr Leben lang illegale Immigranten sein? Sie haben ein Hirn. Es sind doch keine Tiere. Wir behandeln die Tiere gut, soweit man sie gut behandeln kann. Aber die Tiere können sich nicht allein verbessern. Während der Mensch, wenn er will, sich allein verbessern kann, das gilt für alle Länder.«

Angela Maraventano bezeichnet die Migranten, die übers Meer kommen, zum einen als »arme Verzweifelte«, zum andern wirft sie ihnen vor, dass sie nichts tun, um »ihre Lage zu verbessern«. Ganz im Gegensatz zu ihr selbst.

»Ich habe mein Restaurant aus dem Nichts aufgebaut. Mit diesen Händen!« Sie streckt sie mir entgegen. Es sind die gepflegten Hände einer Frau, die viel auf ihr Äußeres gibt.

Wir sitzen noch länger auf dieser Bank. Die Sonne wärmt uns ein bisschen, doch der Tag ist frisch und zugig. Maraventano trägt einen dicken Schal. Die Sonnenbrille nimmt sie nicht ab. Ich stelle noch weitere Fragen. Sie spult ihr Programm ab. Ein Gespräch kommt nicht wirklich zustande. Sie spricht einen Text, der wie auswendig gelernt wirkt.

»Wenn wir ihnen schon helfen müssen, dann helfen wir ihnen in ihrem Land, in ihren Häusern. Ich würde Lampedusa nie verlassen, ich könnte auch töten, wenn sie mir sagen würden, ich müsste weg aus Lampedusa. Wenn ich ein Bulgare bin oder ein Rumäne, dann kann ich doch nicht darauf stolz sein, die italienische Staatsbürgerschaft erworben zu haben. Ich würde mich für die Gastfreundschaft bedanken, die mir angeboten worden ist, aber dann würde ich für mein Land kämpfen. Manchmal höre ich diese Balletttänzer oder Sänger, die sagen, sie seien stolz darauf, dass sie die italienische Staatsbürgerschaft erworben haben ... Ich schäme mich für sie: Du bist aus deiner Heimat geflüchtet, du hast nichts getan, um sie zu verbessern. Darum bist du in meinen Augen nichts wert!«

Es ist jetzt früher Nachmittag. Maraventano redet immer noch. Doch ihre Ausführungen drehen sich im Kreis. Was sie mir erzählt, das hat sie schon Dutzenden Journalisten berichtet. Es ist im Kern die Geschichte der von allen verlassenen Insel, die allein mit einer massenhaften Immigration fertig werden muss; eine Insel, die ein großzügiges Herz hat, aber längst die Grenzen der Belastbarkeit erreicht hat. Lampedusa, das ist die Botschaft, kann nicht mehr! Und manchmal wird das auf spektakuläre Weise deutlich, wie im Winter 2008/2009.

An Weihnachten 2008 landeten innerhalb von nur drei Tagen insgesamt mehr als 3000 Flüchtlinge auf der Insel. Normalerweise ist das Meer um diese Jahreszeit zu rau, als dass jemand die Überfahrt riskierte. Aber an diesen Tagen war das Meer ruhig. Die Schlepper schickten ihre »Klienten« auf die Reise. Die Medien nahmen Landungen auf der italienischen Insel dankbar auf, um die ohnehin nachrichtenarme Weihnachtszeit zu überbrücken. Angela Maraventano war damals stellvertretende Bürgermeisterin von Lampedusa. Der Bürgermeister Bernardino de Rubeis sprach medienwirksam von einem »Angriff auf die Insel«, ganz so, als habe man es mit der

Invasion einer feindlichen Armee zu tun. In Rom war ein Parteikollege von Maraventano Innenminister. Roberto Maroni präsentierte sich gerne als harter Hund. Er sagte angesichts der Tausenden Migranten, die von der libyschen Küste nach Lampedusa kamen: »Das Abkommen mit Libyen wird bald operativ sein, dann werden keine Illegalen mehr kommen.« Die Regierung Berlusconi hatte sich eineinhalb Jahre zuvor mit dem libyschen Herrscher Muammar al-Gaddafi darauf geeinigt, dass Libyen alle Flüchtlinge, die von seinen Küsten aufgebrochen waren, zurücknehmen würde. Darauf zählte nun Maroni: »Ende Januar werden die mit Libyen vereinbarten Patrouillen zur See beginnen. Wir werden das Problem gelöst haben. Genauso wie wir es mit Ägypten, Tunesien, Algerien und Marokko getan haben. Die Boote werden gar nicht mehr in italienische Gewässer kommen, sondern sie werden schon in den libyschen Gewässern abgefangen werden. Lampedusa wird nicht mehr leiden.« Italien, das war die Botschaft, hat sich abgeschottet und in einer Art Vorwärtsverteidigung in allen nordafrikanischen Ländern Wälle errichtet.

Am 9. Januar 2009 flog Maroni nach Lampedusa. Er wurde mit großem Jubel empfangen, Fahnen der Lega Nord wurden geschwungen, viele Einwohner Lampedusas trugen grüne Halstücher, eines der Symbole für die Separatistenpartei. Maraventano hatte sie bereitwillig verteilt. Maroni wusste, was die Menschen erwarteten: »Alle, die auf der Insel landen, werden in wenigen Wochen wieder in ihre Heimatländer geschickt werden.« Dann gab es noch eine Reihe von weiteren Versprechungen. Es war von Steuererleichterungen die Rede, von einem Freihafen Lampedusa, und auch davon, dass auf der Insel der nächste G8-Gipfel abgehalten werde. Nichts davon sollte Wirklichkeit werden. Kaum war Maroni abgereist, bemerkten die Lampedusaner, dass sich ihre Lage nicht verbessert, sondern verschlimmert hatte. Die Boote mit Flüchtlingen kamen auch nach der Abreise des Ministers. Der Riegel, den man in Nordafrika eingezogen hatte, hielt die Menschen nicht ab. Maroni verkündete in Rom völlig überraschend: »Die illegalen Migranten werden in Lampedusa bleiben, bis sie zurückgeschickt werden!« Die Lampedusaner wussten sofort, was dies bedeutete. Das Aufnahmelager auf ihrer Insel würde vergrößert werden und wahrscheinlich Tausende aufnehmen müssen, die nicht nur Tage, sondern Monate oder sogar Jahre bleiben würden, denn die italienische Bürokratie arbeitet langsam, sehr langsam. Lampedusa würde zu einer Immigranteninsel werden, manche sprachen auch von einer Gefängnisinsel.

Auf der Insel formierte sich der Protest. Ein Komitee mit dem Titel S.O.S. Pelagie wurde gegründet und begann, Demonstrationen zu organisieren. Zunächst gingen Hunderte Lampedusaner auf die Straße, vornweg trugen sie ein großes Schild, auf dem zu lesen stand: »REVOLUTION!« Aus einem Lautsprecher dröhnte ohrenbetäubende arabische Musik. Sie war als Botschaft an die Migranten gedacht: »Wir sind auf eurer Seite!«

Während die Proteste heftiger wurden, füllte sich das Lager mit Flüchtlingen. Es war für 700 Personen ausgelegt, doch inzwischen waren rund 2000 dort zusammengepfercht. Die Zustände waren erbärmlich. Am 23. Januar war praktisch ganz Lampedusa auf den Beinen. 5000 bis 6000 Menschen waren auf der Straße. Sie wollten verhindern, dass ein größeres Aufnahmelager gebaut wird. Die Polizei hatte Mühe, die Menge zurückzuhalten. Am selben Tag gelang einigen Insassen des Lagers die Flucht. Sie liefen über das steinige Gelände der Insel, ohne zu wissen, wohin sie gehen sollten. Wohin sollte man auch flüchten in Lampedusa? Offenbar hatten die Behörden die Situation im Aufnahmelager nicht mehr unter Kontrolle. Wenige Tage nachdem die Ersten geflohen waren, tauchten plötzlich an die zweitausend Migranten im Zentrum von Lampedusa auf. Sie schlossen sich den dort demonstrierenden völlig verdutzten Lampedusanern an. Später würde es heißen, die Leitung des Aufnahmelagers habe eine

»kontrollierte Flucht« zugelassen, um Schlimmeres zu verhindern. In den Straßen von Lampedusa kam es zu Szenen der Verbrüderung zwischen Einheimischen und Migranten, sie umarmten sich, drückten sich Küsse auf die Wangen und riefen dann gemeinsam die Parole: »Freiheit! Freiheit!« Der gemeinsame Feind war der Staat – für die Lampedusaner, weil sie sich im Stich gelassen fühlten, für die Migranten, weil er sie in ein überfülltes Lager gesteckt hatte und sie abschieben wollte. Die meisten der Flüchtlinge waren junge männliche Tunesier. Sie zogen durch die Straßen und betranken sich.

Das Fernsehen übertrug die Bilder von Dutzenden torkelnden, lallenden, singenden jungen Männern. Ministerpräsident Silvio Berlusconi redete den Vorfall auf seine clowneske Weise klein: »Sie wollten nur ein Bier trinken!« Doch Lampedusa war völlig außer Kontrolle. Als die Polizei auf Anordnung des Innenministers schließlich versuchte, die Flüchtlinge dingfest zu machen, fanden diese bei Lampedusanern Unterschlupf. Sie versteckten sie in ihren Häusern, während draußen auf den Straßen die Vertreter ihres Staates versuchten, Ordnung zu schaffen. Die Nachrichten aus Lampedusa verbreiteten sich wie ein Lauffeuer. In einigen Aufnahmelagern am italienischen Festland kam es ebenfalls zu Protesten. Ein Hauch von Aufstand lag in der Luft, eine Ahnung davon, was geschehen könnte, wenn sich plötzlich Massen von Flüchtlingen in Bewegung setzten. Die Ursachen für die Rebellion von Lampedusa ließen sich rational erklären: Versagen des Staates, widersprüchliche Politik, Immigrationsdruck, Unzufriedenheit der Bürger. Doch die Bilder von der Rebellion, die Hunderten betrunkenen Tunesier, rührten tief an der europäischen Psyche, an der latenten Angst vor der Überflutung durch fremde Menschenmassen.

Diese Angst kann offenbar immer und auf vielfältige Weise aktiviert werden, manchmal treibt sie den Populisten Wähler in die Arme, manchmal steigert sie die Auflage von Büchern. Im Jahr 1973 veröffentlicht der französische Autor

Jean Raspail den Roman »Das Heerlager der Heiligen«. Anfangs verkauft sich das Buch kaum, doch im Lauf der Jahre wird es zu einem Bestseller. Insgesamt zwei Millionen Exemplare gehen in verschiedenen europäischen Ländern über den Ladentisch, es ist ein einflussreiches Werk. In Raspails »Vision«, wie das Buch im Untertitel genannt wird, kapern Hunderttausende hungernde Inder im Hafen von Kalkutta Schiffe und machen sich auf nach Europa. Sie landen an der idyllischen südfranzösischen Küste, einige erleiden dabei Schiffbruch. Ein alter Professor namens Calguès beobachtet von der Terrasse seines Hauses aus die Landung der fremden Menschenmassen: »Er setzte seine Beobachtungen am Teleskop fort, denn er wollte die letzten Strahlen der untergehenden Sonne ausnutzen, um vor Einbruch der Nacht das unwahrscheinliche Schauspiel nochmals zu beobachten. Wie viele Menschen mögen wohl dort unten an Bord des gestrandeten Wracks sein? Wenn man die fast unglaubliche Anzahl für wahr hält, die in den knappen Nachrichten im Radio seit dem frühen Morgen genannt wird, so sollen riesige Menschenhaufen in den Schiffsladeräumen und auf den Brücken zusammengepfercht liegen und diese Massen sich bis zu den Kommandobrücken und Schornsteinen ausdehnen. Und im Inneren sollen Lebende auf Leichenbergen stehen, ähnlich wie man es bei Ameisen in Marschbewegung beobachten kann, deren sichtbarer Teil ein lebendiges Gewimmel bildet, darunter aber ein Ameisenweg mit Millionen Kadavern liegt (...) Der alte Professor richtete das Rohr seines Teleskops auf ein von der Sonne besonders gut angestrahltes Schiff und regelte die Einstellung auf klarste Sicht, wie ein Forscher, der in einer Bakterienkultur die von ihm beschriebene Mikrobenkolonie entdeckt.«

Bald danach tritt ein junger Mann »mit nackten Füßen, langen schmutzigen Haaren, bekleidet mit einem blumengemusterten Hemd, einem Hinduschal und einer Afghanenjacke« auf die Terrasse des Hauses. Er ist der Bote des Untergangs. Er sagt Calguès, was die Hunderttausenden Menschen tun werden: »Für sie hat Ihre Welt keine Bedeutung. Sie werden gar nicht versuchen, dies zu begreifen. Sie werden müde sein, Hunger haben und mit Ihrer schönen Eichentür Feuer machen. Sie werden auf Ihre Terrasse kacken und sich mit den Büchern Ihrer Bibliothek die Hände reinigen. Ihren Wein werden sie ausspucken. Mit ihren Fingern werden sie aus Ihren schönen Zinntellern essen, die ich an Ihrer Wand sehe. Sie werden auf den Sesseln hocken und zusehen, wie Ihre Sessel brennen. Aus den Goldstickereien Ihrer Decken werden sie sich Schmuck machen. Jeder Gegenstand wird den Sinn verlieren, den Sie dafür haben!«

Raspails Buch ist ein rechtsextremes Machwerk, das sich der Ängste der Europäer auf grobschlächtige Weise bedient, um sein eigenes rassistisches Weltbild und seine Untergangsvision zu rechtfertigen. »Von den Philippinen, von Djakarta, Karachi, Conakry und auch von Kalkutta, aus allen diesen erstickenden Häfen der Dritten Welt, erschienen weitere große Flotten in Australien, Neuseeland und Europa. Die große Völkerwanderung entrollte ihren Teppich. Und wenn man in die Vergangenheit der Menschheit blickt, so war dies sicher nicht die erste. Andere, sorgsam registrierte Kulturen, die man in unseren Museen studieren kann, haben schon das gleiche Schicksal erlitten.« Die Helden in Raspails Buch sind diejenigen, die sich mit aller Gewalt gegen den Untergang stemmen und versuchen, die »Menschenflut« zurückzudrängen, um das Abendland zu retten.

Auch wenn er Raspails Buch nicht gekannt haben sollte, so präsentierte sich der italienische Innenminister Roberto Maroni im Januar 2009 in Lampedusa wie eine der Figuren aus diesem Machwerk. Er stemmte sich gegen die Einwanderung, die seine Partei als Invasion bezeichnete. Wie groß der Druck an den Grenzen auch immer sein mochte, wie sehr man den Minister auch im eigenen Land für seine Härte kritisieren mochte, er ließ sich nicht beirren und ging gegen alle

Widerstände seinen Weg. Ein einsamer Held, dem es um die ganz große Sache ging: die Rettung des Abendlandes. Maroni tat so, als sei es nur eine Frage des Willens. Auch das ist eine Botschaft Raspails. Starke können sich widersetzen. Schwächlinge aber gehen unter.

Die Welt beugt sich nicht dem Willen eines starken Mannes. Sie ist dafür zu kompliziert. Der Aufstand in Lampedusa vom Januar 2009 ist ein Beleg dafür. Einheimische und Flüchtlinge demonstrierten gemeinsamen gegen einen Staat, der ihnen nichts anbot, keinen Schutz, keine Sicherheit, keine Perspektive. Die Lampedusaner fürchteten sich nicht vor einer Menschenflut, sondern davor, von ihrem Staat alleingelassen zu werden. Sie riefen nicht nach harten Maßnahmen, sondern nach Solidarität mit ihrer Insel, sie wollten, dass die anderen Europäer sie als Teil Europas verstünden – und nicht nur als vergessenen Grenzposten, der immer nur in die Schlagzeilen geriet, wenn es Katastrophen gab, um dann wieder in Vergessenheit zu geraten, bis zur nächsten Katastrophe. Angela Maraventano war eine der wenigen, die im Januar 2009 den Innenminister Roberto Maroni verteidigten, nachdem dieser in Rom verlauten hatte lassen, dass die Flüchtlinge alle bis zu ihrer Abschiebung in Lampedusa bleiben müssten. Als die Demonstrationen gegen Maroni noch in Gang waren, wollte Maraventano zu der Menge sprechen, um für Verständnis zu werben. Sie wurde ausgepfiffen, die Menschen drehten sich um. Maraventano verließ weinend den Platz.

Das alles liegt Jahre zurück, sie will darüber nicht mehr sprechen. Es ist für sie abgeschlossene Vergangenheit. Sie zieht an ihrer Zigarette. Ich habe das Gefühl, dass ich ihre Zeit schon über die Maßen beansprucht habe. Immerhin ist sie Senatorin der Republik Italien, immerhin ist sie erst gestern aus Rom eingeflogen, immerhin, denke ich, muss sie ein viel beschäftigter Mensch sein, dem ich die Stunden stehle.

»Nein, nein«, sagt sie, »machen Sie sich keine Sorgen, fragen Sie.«

»Ihre Amtszeit geht zu Ende. Werden sie wieder für die Lega Nord kandidieren?«

»Nein, ich werde mich wieder meinem Restaurant widmen. Ich habe das vernachlässigt.«

»Sind Sie von der Politik enttäuscht?«

Sie antwortet mit etwas Verzögerung: »Ach, ich konnte schon einiges machen. Die Gesundheitsversorgung hat sich ein wenig verbessert, die Schulen, der Kindergarten, ja ... solche Dinge. Sehr konkrete Dinge. Ich war immer konkret.«

Doch auch dieses Konkrete kommt bei Maraventano immer eingebettet in die größere Geschichte einer Insel, die vom Staat verlassen worden sei und allein den massenhaften Flüchtlingsströmen aus dem Süden der Welt gegenüberstehe. Es ist die Geschichte der Insel als Opfer. Was dabei nicht auftaucht, ist die Tatsache, dass die Immigration für Lampedusa auch von Nutzen ist. Während des Aufstandes im Januar 2009 erinnerte der Präfekt – ein Vertreter des Staates – daran: »Ich verstehe die Proteste der Lampedusaner nicht. Lampedusa ist die einzige Gegend Italiens, in der wir keinen einzigen Immigranten auf den Straßen sehen, ja es ist sogar so, dass die Wirtschaft der Insel von der Immigration profitiert!« Der Präfekt hatte recht, doch seine Worte provozierten die Lampedusaner zu noch schärferen Protesten. Er hatte eine Lebenslüge Lampedusas attackiert, die Geschichte der Insel als Opfer, das immer nur gebe, aber nie etwas bekomme.

»Gibt es denn nicht auch gewisse Vorteile für die Insel, ich meine ...«

Maraventano horcht auf: »Ja, Sie meinen?«

»Ich meine, es kommen doch Polizisten, Soldaten, Journalisten – sie müssen alle versorgt werden. Und das Aufnahmelager, es wird doch, so wurde es mir berichtet, auch von den lokalen Geschäften versorgt. Rund 100 Einwohner Lampedusas haben durch das Lager Arbeit ...«

»Und was ist mit unserem Image?«

»Wie meinen Sie?«

»Wir leben vom Tourismus!«

»Ja?«

»Glauben Sie, die Menschen wollen zu uns kommen, wenn wir immerzu als Insel der Flüchtlinge bezeichnet werden?«

»Ich weiß nicht ...«

»Oder als Insel der Ertrunkenen?«

»Ja, gewiss, das ist ein Problem!«

»Sehen Sie!«

Es dauert nicht lange und Maraventano verabschiedet sich. Sie muss nun doch in ihr Restaurant *Il Saraceno*, um sich um verschiedene Dinge zu kümmern.

7. Tote

Keiner weiß genau, wie viele Menschen in den letzten beiden Jahrzehnten im Mittelmeer ertrunken sind, mehr als 20 000 dürften es nach seriösen Schätzungen gewesen sein. Die größte bekannte Tragödie ereignete sich am 3. Oktober 2013 wenige hundert Meter vor der Küste Lampedusas. Gegen vier Uhr morgens kam ein mit Flüchtlingen randvoll besetzter Fischkutter in Sichtweite der Insel. Die Insassen des Bootes sahen die spärlichen Lichter der Insel. Sie waren erleichtert, endlich glaubten sie sich am Ziel. Die meisten kamen aus Syrien, Somalia und Eritrea. Die Somalis unter ihnen hatten einen Krieg hinter sich gelassen, der seit mehr als zwei Jahrzehnten das Land heimsucht und von dem niemand weiß, wann und wie man ihn beenden könnte. Syrien wurde zu dem Zeitpunkt, als der Fischkutter nach Lampedusa kam, seit mehr als zwei Jahren von einem grausamen Bürgerkrieg erschüttert, dessen Ende ebenfalls nicht absehbar war. Und in Eritrea regiert eine Militärdiktatur, welche die jungen Männer zum Dienst in der Armee presst und sie dort häufig quält.

Gekommen waren die Flüchtlinge über Libyen, wo sie von Schleppern in der Stadt Misrata eingeschifft worden waren. Mit der jüngeren Geschichte dieser Stadt hat es eine besondere Bewandtnis. In den frühen Sommermonaten des Jahres 2011 wurde sie von Truppen des libyschen Herrschers Gaddafi eingeschlossen und belagert. Gaddafi wollte mit allen Mitteln den Aufstand, der im Februar gegen ihn losgebrochen war, niederschlagen. Die Schlacht um Misrata hatte dabei einen starken symbolischen Charakter erhalten. In den westlichen Medien wurde sie zu einer Heldenstadt, zu einer Art libyschem Stalingrad hochstilisiert. Die Rebellen konnten den Belagerungsring schließlich sprengen, mit tatkräftiger Hilfe der NATO-Kampf-bomber. Misrata war befreit – und wurde zu einem Korridor für Flüchtlinge und zu einem Paradies für Schlepper, die mit dem Menschenschmuggel Millionen verdienten.

Das Boot, das am Morgen des 3. Oktober 2013 auf Lampedusa zusteuerte, war wie eine lebende Landkarte, die die Kriege und Krisen des Nahen Ostens und Afrikas abbildete. Diese Menschen hatten sich aufgemacht in Richtung eines Kontinents, der seit 1945 in weiten Teilen keinen Krieg mehr kennengelernt und darüber offenbar vergessen hatte, was Krieg für die Menschen bedeutet. Der Schock des Zweiten Weltkrieges – der Tod von vielen Millionen in den Schützengräben, die Vernichtung vieler weiterer Millionen in den Konzentrationslagern, die Verheerungen europäischer Städte durch den Bombenkrieg – hatte dazu geführt, dass Europa sich nach 1945 als Kontinent neu definieren musste. »Nie wieder Krieg!« – Diesen Satz schrieben die Europäer in das Fundament der Europäischen Gemeinschaften, die 1957 gegründet wurden. Und tatsächlich gelang es diesem Bündnis, Todfeinde zu Partnern, ja zu Freunden zu machen.

Doch Europa verbannte nicht nur den Krieg, sondern leugnete auch die Tatsache, dass Waffengewalt nicht aus der Geschichte der Menschheit verschwunden war. 1991 war nicht nur die Sowjetunion zerfallen, es ging auch Jugoslawien unter. Dieser Staat löste sich in Blut auf. Doch Europa, der »Nie wieder!«-Kontinent, schaute weg. Unter den Augen der Europäer, nicht vor ihrer Haustür, sondern in ihrem Haus wurde die europäische Stadt Sarajevo dreieinhalb Jahre lang belagert. Doch die Europäer rührten keinen Finger. Sie konnten diesen Krieg aber auch nicht völlig ignorieren, dafür war er zu nahe, dazu kamen zu viele Flüchtlinge. Er wurde deshalb wegerklärt. Die da unten seien rückständig, deswegen sei ihnen nicht zu helfen. Man könne nur warten, bis sie endlich müde würden vom gegenseitigen Abschlachten – dann wäre der Moment gekommen, in dem Europa sich als ehrlicher Makler einschalten könne, als Vermittler, der sich mit keiner der beiden Parteien gemeingemacht hatte und daher kein Blut an den Händen habe. So lauten die Argumente eines kriegsentwöhnten, kriegsunwilligen Europas, dessen Bewohner seit Jahrzehnten in nie gekannter Sicherheit leben und deren Regierungen einem Gesetz folgen: Wir tun erst etwas, wenn der Brand gelöscht ist.

Als die Flüchtlinge auf dem Fischkutter in der Morgendämmerung des 3. Oktober 2013 die Konturen der Insel erkannten, da entzündeten sie ein Feuer, um auf sich aufmerksam zu machen. Sie hofften, dass man ihnen nun zu Hilfe eilen würde. Aber es kam niemand, so wie auch dem brennenden Sarajevo niemand zu Hilfe gekommen war, dem sterbenden Srebrenica, dem in Flammen aufgehenden Mostar, und wie all die geschundenen Städte und Dörfer im zerfallenen Jugoslawien heißen. Anstatt dessen breitete sich das Feuer auf dem Kutter aus, Panik machte sich breit, das Schiff kenterte.

»Mein Freund weckte uns und sagte: ›Hört ihr das?‹ Wir machten uns lustig über ihn. ›Das sind doch nur Möwen. Geh wieder schlafen!‹«

Grazia Migliosini war mit ihrem Lebensgefährten und anderen Freunden nachts aufs Meer gefahren. Es war eine ruhige Nacht, kein starker Wellengang, ein sternenklarer Himmel, eine leichte Brise. Ein Traum, doch es wurde ein Albtraum. Denn es waren nicht Möwen, die schrien, es waren die Ertrinkenden. Als Migliosini und ihre Freunde über die Planken ihres Bootes schauten, da sahen sie Hunderte Menschen. Diese schrien um Hilfe, ruderten mit den Armen, gingen vor den Augen der entsetzten Migliosini unter und tauchten nicht wieder auf. Die meisten konnten nicht schwimmen.

»Einige riefen: ›Rettet die Kinder! Rettet die Kinder!‹ Doch die Kinder waren bereits tot.«

Migliosini und ihre Freunde zogen 47 Menschen aus dem Wasser, dann mussten sie abdrehen, denn sonst drohte auch ihr Boot wegen Überlastung zu kentern. Über 360 Menschen ertranken.

Noch in der Dämmerung gab Migliosini im Hafen von Lampedusa dem italienischen Fernsehen ein Interview, in dem sie das Unglück schilderte. Sichtlich geschockt sagte sie immer wieder: »Es muss aufhören, es muss aufhören: Basta! Basta!«

Migliosini stammt aus Sizilien, doch sie betreibt in Lampedusa während der Touristensaison einen Laden, der »Oggetti di Mare« verkauft – »Sachen aus dem Meer«. Nun lag auf dem Grund dieses Meeres ein Fischkutter aus Libyen voller Leichen. Rettungstaucher schwammen hinunter und bargen auch Tage nach dem Unglück immer noch Menschen, die sich nicht rechtzeitig hatten befreien können, viele von ihnen konnten wahrscheinlich gar nicht schwimmen. Mehr als 360 Flüchtlinge waren wenige Meter vor der Kanincheninsel ertrunken, einem kleinen Felsen, der Lampedusa vorgelagert ist. Ihm gegenüber, nur rund 200 Meter entfernt, befindet sich ein breiter weißer Sandstrand. In den Sommermonaten ist er mit Menschen überfüllt. Buchstäblich alle Touristen, die nach Lampedusa kommen, gehen zum Strand der Kaninchen. Er ist nicht nur wunderschön, er ist der einzige größere Strand der Insel, der Rest der Küste Lampedusas besteht mit Ausnahme des Hafens und ein paar weiterer kleiner Einbuchtungen ausschließlich aus schroffen, abweisenden Felsen. Jedes Jahr werden aus Lampedusa Hunderte, wenn nicht Tausende Postkarten verschickt, die den Strand der Kaninchen und die Kanincheninsel zeigen. Diese Attraktion war jetzt zu einem Massengrab geworden. Migliosini, die »Oggetti di Mare« verkaufte, fischte ums Leben kämpfende Menschen aus dem azurblauen Wasser; die vielen Touristen, die hier im Sommer tauchten, mussten damit rechnen, nicht nur Fische zu sehen zu bekommen; und die Tausenden Postkarten, die an Freunde, Verwandte, Arbeitskollegen in Italien und im Ausland verschickt wurden, waren nun die stummen Zeugen einer Katastrophe. Der verzauberte Strand der Kaninchen war zu einem Ort des Schreckens geworden. Das war die grausame Wahrheit. Das war Lampedusa als Insel der Ertrunkenen.

Nach dem Unglück vom 3. Oktober 2013 sprach Papst Franziskus von einer »Schande« für Europa. Sämtliche Politiker pflichteten ihm bei, die Öffentlichkeit gab sich entsetzt – doch alle wussten, dass sich wenig bis gar nichts ändern würde. Europa hatte sich seit zwei Jahrzehnten systematisch abgeschottet, es hatte unsichtbare und sichtbare Mauern hochgezogen, die für Flüchtlinge, wenn überhaupt, nur unter Lebensgefahr zu überwinden waren. Diese Mauern aber waren nicht von Diktaturen errichtet worden, sondern von demokratisch gewählten Regierungen. Die Festung Europa ist von den Europäern gewollt. Sie ist ihnen nicht passiert. Während Europa in seinem Inneren die Grenzen nach und nach abbaute, während es seine Freiheit ausbaute, schottete es sich nach außen ab.

Darin lag ein rationaler Kern. Migration muss organisiert, verwaltet und kanalisiert werden – besonders dann, wenn das Gefälle zwischen armen und reichen Ländern so gewaltig ist, wie es zwischen Europa und Afrika der Fall ist. Doch eine rationale Migrationspolitik wurde von einer vergifteten Debatte untergraben, die alle Fremden grundsätzlich zu einer Gefahr stilisiert, vor der man sich fürchten müsse. Das Blickfeld der Europäer hatte sich über die Jahre auf die Größe einer Schießscharte verengt. Nach dem Schiffsunglück vom 3. Oktober 2013 gab es glaubwürdige Nachrichten, wonach italienische Fischerboote den in Seenot geratenen Kutter der Flüchtlinge zwar bemerkt hätten, dann aber abgedreht seien. Sie verweigerten den Flüchtlingen vermutlich die Hilfe, weil sie die Folgen fürchteten.

Im Jahr 2002 verabschiedete die italienische Regierung ein Einwanderungsgesetz, das »Beihilfe zu illegaler Immigration« unter Strafe stellte. Dieses Gesetz war nach den beiden Politikern benannt, die es ins Parlament einbrachten: Umberto Bossi und Gianfranco Fini. Bossi war der Gründer und charismatische Chef der Lega Nord, der für seine Verbalinjurien gefürchtet war und sich gerne wie ein Berserker aufführte.

Kurz bevor das Bossi-Fini-Gesetz verabschiedet wurde, sagte er: »Gegen die Immigranten will ich das Donnern der Kanonen hören!« Gianfranco Fini hingegen war jahrelang Vorsitzender der neofaschistischen Partei gewesen, bevor er ohne großen Erfolg versuchte, daraus eine liberalkonservative Partei zu formen. Noch in den Neunzigerjahren sagte Fini, Benito Mussolini sei »einer der größten Staatsmänner des 20. Jahrhunderts« gewesen. Er bereute das später öffentlich, leistete Abbitte, doch den Geruch seiner neofaschistischen Vergangenheit wurde er nicht los. Diese beiden Männer arbeiteten ein umfassendes Gesetz aus, das Einwanderung de facto kriminalisierte. Wer einem in Seenot geratenen Boot zu Hilfe eilte, konnte vor Gericht gezerrt werden. Die Flüchtlinge, die überlebten und in Lampedusa an Land kamen, mussten mit einer empfindlichen Geldstrafe und ihrer sofortigen Abschiebung rechnen. Die Regierung, die solche Härte an den Tag legte, wurde von Silvio Berlusconi geführt, einem Mann, der eine ganze Reihe von Prozessen am Hals hatte, der sich Prostituierte zuführen ließ, um mit ihnen wilde Partys zu feiern, der sich fast die gesamte Medienmacht unter den Nagel gerissen hatte, um sie schamlos als massenwirksame Waffe für seine Zwecke einzusetzen, einem Mann, der im Ruf stand, die Mafia begünstigt zu haben.

Der italienische Regisseur Emanuele Crialese hat das Bossi-Fini-Gesetz zum Kernthema eines dramatischen Filmes gemacht. In »Terraferma« retten der alte Fischer Pucillo und sein Enkel afrikanische Flüchtlinge vor dem Ertrinken. Der Fischer versteckt eine gerettete hochschwangere Frau und ihren zehnjährigen Sohn bei sich zu Hause. Die Polizei verdächtigt ihn der »Beihilfe zu illegaler Immigration«. Sie findet zwar keine Beweise, beschlagnahmt aber das Boot. Die Fischer der Insel versammeln sich und bekräftigen, dass sie sich an das überlieferte »Gesetz des Meeres« halten wollen: Wer in Seenot kommt, der muss gerettet werden. Das ist Pflicht auf dem Meer. Doch das neue Gesetz der Regierung sagt genau das Gegenteil: »Wenn du hilfst, machst du dich schuldig!« Die Fischer protestieren dagegen, sie überschütten die Polizeistation mit einer stinkenden Ladung Fisch. Es hilft ihnen nichts. Der Staat bleibt kompromisslos.

Nachdem Angela Maraventano gegangen ist, sitze ich noch eine Weile auf der Bank, unentschlossen, was ich tun soll. Schließlich stehe ich auf und schlendere die Via Roma entlang. Der Himmel wölbt sich über den Häusern. Die Sonne steht hoch. Der Wind rüttelt immer noch an den Jalousien. Er wirkt jetzt etwas kraftloser. Seine Attacken kommen in größeren Abständen. Doch ich traue ihm nicht. Jederzeit kann er sich wieder erheben und mit ungebrochener Kraft durch die Straßen fegen. Ich gehe wieder an den Hafen, an die Terrasse, die auf den Hafen blickt. Es ist eine Zinne der Festungsmauer Europa. Ich blicke aber nicht aufs Meer hinaus, sondern lasse mein inneres Auge nach Norden wandern, ins Innere der Festung. Ich sehe ein dekadentes Rom, das sich selbst alles erlaubt, den Immigranten aber alles verbietet. In Rom war der Widerspruch zwischen der Zügellosigkeit Berlusconis und der Gnadenlosigkeit seiner Einwanderungspolitik bizarr. In Brüssel, der europäischen Hauptstadt, arbeitet hingegen ein Heer von Bürokraten daran, ein immer engmaschigeres Netz zu knüpfen und jeden Schlupfwinkel für die Flüchtlinge zu schließen. Das geht nicht ohne Streit unter den europäischen Regierungen ab. Er bricht immer aus, wenn sich eine Katastrophe ereignet. Nur dann nämlich gerät die Einwanderungspolitik Europas ins Schlaglicht der Öffentlichkeit. In schöner Regelmäßigkeit beklagen sich Grenzländer wie Italien darüber, dass sie allein gelassen würden, während reiche Länder wie Deutschland sofort mit Zahlen bei der Hand sind, die nachweisen sollen, dass man ohnehin mehr Flüchtlinge aufnehme als die anderen. Es ist ein unwürdiges Geschacher, bei dem jeder mit Flüchtlingszahlen in der Hand beweisen will, dass er ohnehin schon genug tue, und dass doch gefälligst die anderen ...

Wenn man also von der Festungszinne Lampedusa ins Innere blickt, sieht man, dass die Zentren der Macht bevölkert sind von eigensüchtigen, rechthaberischen, kleinmütigen und kaltherzigen Figuren, die entweder nicht in der Lage sind zu begreifen, welchem Phänomen sie sich gegenübersehen, oder nicht willens sind, sich ihm ernsthaft zuzuwenden. Sie wissen eine Bevölkerung hinter sich, die durch das ihr jahrelang eingeträufelte Gift erstarrt ist in ihrer Abwehrhaltung. Jetzt, da ich hier auf der Terrasse oberhalb des Hafens von Lampedusa stehe, merke ich, wie sehr das alles auch meinen Blick auf das Meer verändert hat. Ich nehme das flirrende Farbenspiel am Horizont nicht wahr, ich lasse mich nicht vom Anblick des schäumenden Meeres verführen, ich nehme den heftigen Wind nicht als Gelegenheit, mich durchlüften zu lassen. Nein, das Meer, die Wellen, der Wind, der Horizont, alles wird beherrscht von der Frage: Ist da draußen ein Boot, vollgestopft mit Menschen? Wird es kentern, oder wird es durchkommen? Und vor allem die Frage: Von wie vielen Toten werden wir nie erfahren? Wie viele sind ertrunken, ohne dass wir je davon gehört hätten?

8. Träume

Auf der Via Roma fällt mir ein Laden auf, nicht nur, weil er geöffnet ist, sondern weil er sommerliche Waren anbietet: Schals in allen Farben und Größen, bedruckte, glitzernde T-Shirts, weite Leinenhosen, Kappen und Mützen. Es sind unverkennbar Waren indischer Herkunft, die zum Verkauf an Touristen bestimmt sind. Warum hat der Laden offen, mitten im Winter? Vielleicht rechnet der Besitzer ja damit, dass der Sommer ganz plötzlich hereinbricht über Lampedusa, dass es von einem Tag auf den anderen heiß sein wird und die Touristen aus dem Norden scharenweise auf die Insel kommen. Auf diesen Fall wäre er vorbereitet. Noch bevor die anderen Läden aufgesperrt, noch bevor sie etwas verkauft hätten, wären bei ihm schon Schals, Tücher, T-Shirts, Hosen gegen klingendes Geld über den Ladentisch gewandert. Das stelle ich mir vor und trete ein. Ein etwa fünfzigjähriger Mann steht hinter dem Ladentisch und legt sorgfältig seine Ware aus. Er hat schwarze Haare und dunkle Haut. Inder, denke ich.

»Sie sind aber früh dran«, sage ich, ohne mich vorzustellen. Der Mann blickt auf, lächelt und sagt dann: »Ja, ich habe etwas früher begonnen dieses Jahr. Ich bin gerne früh dran. Außerdem, es hat sich so ergeben.«

»Öffnen Sie nicht jedes Jahr um dieselbe Zeit?«

»Nein, mal früher, mal später. Dieses Jahr bin ich etwas früher gekommen.«

»Sie leben nicht hier?«

»Nur in der Saison. Sonst lebe ich in Pakistan.«

»Wo in Pakistan?«

»In Lahore.«

65

»Oh, eine schöne Stadt!«

»Kennen Sie Lahore?«

»Ja, ich war mehrmals da, eine wirklich schöne Stadt!«

Der Mann freut sich, doch seine Zurückhaltung gibt er nicht auf.

»Willkommen in meinem Geschäft«, er beugt sich vor und schüttelt meine Hand. Er bleibt freundlich distanziert.

Sofort denke ich, dass er mit einem der Flüchtlingsboote nach Lampedusa gekommen sein muss, gleichzeitig bringt mich dieser Gedanke in Verlegenheit. Denn wie soll ich ihn danach fragen? »Sind Sie mit einem Boot ...« oder »Warum haben Sie Ihre Heimat verlassen, haben Sie dort ...«

Es wäre zwar nichts dabei. Es wäre eine normale Frage. Doch ich bemerke an meiner Zögerlichkeit, dass die hässliche Debatte um Migration an mir nicht spurlos vorübergegangen ist. Wer mit den Booten kommt, der überschreitet die Grenze illegal. Der macht sich eines Verstoßes gegen das Gesetz schuldig. Das ist die Rechtslage. Wenn ich nun diesen Mann aus Pakistan danach fragen würde, wie er hergekommen ist, dann wäre es so, als fragte ich ihn: »Haben Sie gegen das Gesetz verstoßen?« Wenn er »illegal« gekommen ist, dann wird er es mir nicht erzählen, einem Fremden, der außerhalb der Saison in seinen Laden gekommen ist, nichts kauft, sondern nur Fragen stellt.

Plötzlich merke ich, wie schwer die Kommunikation zwischen einem »Fremden« und einem »Einheimischen« hier an der äußersten Grenze Europas ist. Ich kann kein einfaches, offenes Gespräch führen, weil es für die Einwanderer keine einfache, legale Weise gibt, nach Europa zu kommen. Sie müssen in den allermeisten Fällen verschleiern, wie sie die Festungsmauer überwinden konnten. Frage ich den Mann direkt, zwinge ich ihn zur Lüge.

Ich versuche, das Problem zu umgehen.

»Sind Sie schon lange hier?«

Der Ladenbesitzer lächelt und es scheint mir, dass er meine

Gedanken erraten hat und sich darüber insgeheim lustig macht. Er ist im Vorteil. Er kennt die Wahrheit. Ich nicht. Ich will sie kennen, er muss sie mir nicht sagen.

»Sie können ruhig offen fragen ...«, dieser Satz steht auf seiner Stirn geschrieben. Doch es gelingt mir nicht, der unausgesprochenen Aufforderung zu folgen.

»Ich bin 1983 nach Lampedusa gekommen«, antwortet er schließlich.

»Das ist eine lange Zeit.«

»Ja, ich habe damals eine Stelle bei den Amerikanern bekommen, draußen auf der Basis.«

»Und was haben Sie da gemacht?«

»Dies und das. Wo man mich brauchte, habe ich gearbeitet.«

»Waren die Amerikaner gut zu Ihnen?«

»Sehr gut, sie waren sehr gut zu mir!«

»Warum haben Sie dann aufgehört?«

»Sie haben die Basis der NATO übergeben, später dann den Italienern. Ich wurde nicht mehr weiterbeschäftigt. Da habe ich mich selbstständig gemacht und bin geblieben, jedenfalls während der Touristensaison bin ich hier.«

»Haben Sie nicht Heimweh?«

Er schaut mich an und antwortet trocken: »Ich bin schon lange auf der Insel. Sie ermöglicht mir und meiner Familie ein Auskommen.«

Während er das sagt, greift er unter seinen Ladentisch, zieht eine Handvoll Seesterne aus Plastik hervor und platziert sie auf dem Tisch.

»Wie verkaufen sich die?«

»Ach, das ist mehr zur Dekoration. Verkaufen tun sich die nur sehr selten. Gefallen sie Ihnen?«

»Darf ich ehrlich sein?«

»Sicher, nur zu.«

»Die Seesterne sind hässlich!«

Er lacht laut auf – »Ja, das finde ich auch!« – und verteilt vergnügt weitere Seesterne auf dem Ladentisch.

Ich kannte diese Basis, auf der der Ladenbesitzer Dienst getan hatte. Ich war bei einem früheren Besuch auf Lampedusa dort gewesen. An einem warmen Frühlingstag fuhr ich über *La Panoramica* Richtung Westen, bis ich zu einer Abzweigung kam, die auf das Militärgelände führte. Aus Neugier bog ich ab. Kein Soldat stoppte mich. Ich fuhr durch mehrere offen stehende Tore, vorbei an Maschendrahtzäunen, Stacheldraht, Betonblöcken und Gitterstäben. Auf dem Gelände standen ein paar verlassene Gebäude. Sie sahen aus wie Teile einer heruntergekommenen Hühnerfarm. Hier haben die Soldaten vermutlich gewohnt. Die Militärbasis wurde 1972 eröffnet. Damals war an der äußersten Spitze Lampedusas eine 190 Meter hohe Antenne errichtet worden. Sie war Teil eines Küstenüberwachungssystems, das den Dienst amerikanischer Kriegsschiffe und ihrer Verbündeten unterstützte. Muammar al-Gaddafi hatte auf diese amerikanische Basis gezielt, als er 1986 seine Scud-Raketen abschießen ließ. Wegen dieser Antenne sprach das libysche Verbindungsbüro von dem »Spionagenest Lampedusa«, das zerstört werden müsse.

Von dem »Spionagenest« ist tatsächlich nicht viel übrig geblieben, doch dafür sind nicht die Raketen Gaddafis verantwortlich. Die voranschreitende Zeit hat die Militärbasis abgeworfen wie ein Kleid, das außer Mode geraten ist und achtlos in den Staub geworfen wird, wo es vor sich hin rottet. Niemand war zu sehen. Herrenlose Hunde streunten zwischen den Gebäuden herum, einer von ihnen lief bellend auf meinen Wagen zu und rannte ihm, die Augen starr auf die sich drehenden Reifen gerichtet, so lange hinterher, bis er nicht mehr konnte oder vielleicht glaubte, mich vertrieben zu haben; nach Luft ringend machte er schließlich halt.

Die Militärbasis endete an einem hundert Meter senkrecht ins Meer abfallenden Felsen. Die Insel wirkte wie ein kantiger Flugzeugträger, der mit seinem mächtigen Bug das Wasser durchpflügt. Es musste jetzt nur jemand die Maschinen anwerfen, die Schiffsschrauben würden sich brummend drehen, und das gewaltige steinerne Schiff namens Lampedusa würde sich in Bewegung setzen. Das Ziel Tausender Migranten würde selbst zu wandern beginnen, ein nomadisierender Felsen, der übers Meer fahren würde, ohne je in einem Hafen anzukommen.

Das ist eine schöne, eine fantastische Vorstellung, die Lampedusa allerdings entwerten würde. Der Wert von Inseln liegt nämlich darin, dass sie sich nicht bewegen und daher eine Anlaufstelle für alle sind, die übers Meer fahren. Der große französische Historiker Fernand Braudel schrieb über die Inseln: »Ob klein oder groß, ihre Bedeutung geht auf die Tatsache zurück, dass sie auf den Seewegen als unerlässliche Stationen gebraucht werden und dass in den Gewässern, die zwischen ihnen oder manchmal auch zwischen ihren Küsten und dem Kontinent liegen, relative Ruhe herrscht, wie es der Schifffahrt genehm ist.«

Braudel beschreibt in seiner Geschichte des Mittelmeers, wie sich die menschliche Zivilisation von Mesopotamien und Ägypten aus von Osten nach Westen ausbreitete. Den Seefahrern des Altertums boten die Inseln Schutz und die Möglichkeit, sich Schritt für Schritt in einem unbekannten Meer voranzubewegen. Zypern, Kreta, Malta, Sizilien, Sardinien, Mallorca stellen eine lose steinerne Kette dar, die sich durch das Mittelmeer zieht. Ob Menschen als Händler, Krieger oder als Migranten über das Meer fahren, ihr Blick richtet sich immer auf die nächstgelegene Insel, und die nächste, und die nächste, bis sie an ihrem Ziel angelangt sind. Die meisten Inseln des Mittelmeeres sind karg. Sie konnten ihre Bewohner nicht ernähren. Sizilien ist eine der wenigen Ausnahmen. Im 15. und 16. Jahrhundert war es die Kornkammer des westlichen Mittelmeeres. Doch in der Regel litten alle Inselbewohner an Hunger, viele wanderten aus und ließen sich in den großen Küstenstädten nieder, wo sie ihre Chance suchten. So wenig sie denen, die auf ihnen leben, auch zu bieten haben, für die Besiedlung des Mittelmeerraumes waren die Inseln unerlässlich. Als das Ringen um die Vorherrschaft im Mittelmeer begann, zunächst zwischen Römern und Phöniziern, dann zwischen Christen und Muslimen, wurden Inseln zu entscheidenden militärischen Stützpunkten – unter ihnen nimmt Malta eine herausragende Stellung ein.

Im Jahre 1530 ließen sich die Ritter des Johanniterordens auf Malta nieder und bauten die Insel zu einer Festung aus, wie es im Mittelmeer keine zweite gab. Nachdem die letzten christlichen Hochburgen in Palästina im Jahre 1291 verloren gegangen waren, emigrierten die Johanniter zunächst nach Zypern und zogen 1310 auf die Insel Rhodos, in Sichtweite des türkischen Festlandes. Der Orden war in erster Linie gegründet worden, um Pilger, die ins Heilige Land kamen, zu unterstützen und bei Krankheit zu pflegen. Seine soldatischen Pflichten im Dienst der Christenheit standen nicht im Vordergrund. Das änderte sich, nachdem die Johanniter nach Rhodos umgesiedelt waren. Sie entwickelten sich zu gefürchteten Piraten, die im Namen Christi plünderten, raubten und brandschatzten. Für Christen war der Korsar Hayrettin Barbarossa der Schrecken der Meere, sein christliches Gegenstück war Romegas, ein rücksichtsloser, grausamer und fähiger Ritter und Pirat des Ordens.

Die Johanniter waren ein schmerzender, gefährlicher Stachel im Fleisch des Osmanischen Reiches. Mehr als zweihundert Jahre hielten sie sich in Rhodos, bis eine mächtige osmanische Flotte sie schließlich im Jahr 1522 vertrieb. Nun begaben sie sich auf die Suche nach einer neuen Heimat und wurden bei Kaiser Karl V. vorstellig. Er bot ihnen Malta an, »damit sie in Frieden die Pflichten ihrer Religion zum Wohle der Christenheit ausüben können und ihre Kräfte und Waffen gegen die perfiden Feinde des Heiligen Glaubens einsetzen können«. Der Orden schickte Gesandte nach Malta, um die Insel auf ihre Tauglichkeit für seine Zwecke zu prüfen. Der Bericht der Kommission war für den Großmeister des Ordens keine erbauliche Lektüre: »Die Insel Malta besteht ausschließlich aus einem Felsen weichem Sandstein, den man Tufa nennt. Sie ist sechs oder sieben Seemeilen lang, und drei oder vier Seemeilen breit; die felsige Oberfläche ist von etwas mehr als einem Meter Erde bedeckt, die ebenfalls steinig, und gar nicht geeignet ist, Korn anzubauen. Die Insel produziert aber Feigen, Melonen und andere Früchte im Überfluss; die wichtigsten Handelsgüter der Inselbewohner sind Honig, Baumwolle und Kümmel. Sie tauschen es gegen Korn ein. Aber, abgesehen von ein paar Quellen in der Mitte der Insel, gibt es kein fließendes Wasser, nicht einmal Brunnen. Die Bewohner versorgen sich aus Zisternen.« Das Angebot Karls V. war also nicht besonders attraktiv, und doch nahm es der Orden an, denn Malta hatte einen entscheidenden Vorteil: einen natürlichen, geschützten Hafen. Das war eine Grundvoraussetzung für das Kerngeschäft der Johanniter, das sie über Jahrhunderte entwickelt hatten und nun gedachten, in Malta weiterzuführen: die Piraterie.

Malta spielte im Kampf zwischen Christen und Muslimen um die Vorherrschaft im Mittelmeer eine gewichtige Rolle. 1565 landete eine gewaltige osmanische Flotte auf Malta und begann mit einer gnadenlosen Belagerung. Sultan Süleyman der Prächtige hatte die Johanniter bereits im Jahr 1522 aus Rhodos vertrieben. Damals hatte er ihnen freies Geleit zugesichert, doch diesmal war er entschlossen, sie auszulöschen. Der Zorn Süleymans war durch einen Raubzug des Maltesers Romegas entfacht worden. Der hatte 1524 eine Galeere des Sultans gekapert, den Haupteunuchen des Serails gefangen genommen und eine riesige Summe Geld erbeutet. Das war in den Augen des Sultans eine unerträgliche Provokation. Die Gelegenheit war gekommen, das »Vipernnest« Malta zu zertreten. Die monatelange Belagerung wurde im christlichen Europa mit bangem Entsetzen verfolgt. Der Papst in Rom nannte die Insel den »Schild der Christenheit«. Wenn Malta fällt, dann gibt es kein Halten mehr, dann bricht die christliche Welt unter dem Druck der Osmanen zusammen.

Das war das vorherrschende Gefühl. Doch Malta widerstand. Der Sultan biss sich die Zähne aus. Es war eine der wenigen Niederlagen, die er in seiner vierzigjährigen Herrschaft hinnehmen musste.

Das unwirtliche Malta war also zu weltgeschichtlicher Bedeutung aufgestiegen. Seine Gestalt und seine Lage hatten dies möglich gemacht. Lampedusa hatte ähnliche Voraussetzungen. Es liegt nicht viel mehr als hundert Kilometer von Malta entfernt. Es war daher nur eine Frage der Zeit, bis sich eine Großmacht für Lampedusa interessierte. Eine Macht, die es ans Mittelmeer drängte.

Wir schreiben das Jahr 1776. In Russland regiert die deutschstämmige Zarin Katharina II., die als Katharina die Große in die Geschichte eingehen wird. Ihr zur Seite steht Fürst Grigori Alexandrowitsch Potjomkin. Er ist ihr Liebhaber, Berater, Feldherr und – wie manche Historiker vermuten – ihr heimlich getrauter Ehemann. Potjomkin ist ein Aufsteiger aus der russischen Provinz, der sich mit Wagemut und viel Charme die Gunst der Zarin am Hof von St. Petersburg erwirbt. Er ist ein großer, stattlicher Mann, der auffallend gut aussieht und hoch hinaus will. Selbst als er ein Auge verliert, tut dies seiner Attraktivität keinen Abbruch. Zwischen der Zarin und Potjomkin entbrennt eine leidenschaftliche Liebe, die am Hof für Aufsehen sorgt. Katharina II. und Fürst Potjomkin – das ist eine der ungewöhnlichsten Liebesgeschichten des 17. Jahrhunderts. Liebe, Macht, Politik, Sex und Krieg sind ihre Ingredienzien. Die beiden turteln zusammen und schmieden Pläne, die Russland für immer verändern werden, sie liegen ausgelassen im Bett und machen sich über ihren Verbündeten, den stocksteifen habsburgischen Kaiser Joseph II., lustig, spielen Karten, beraten den Fortgang des Krieges gegen das Osmanische Reich und träumen von der Eroberung Istanbuls. Selbst als ihre körperliche Liebe erlischt und sie das Bett nicht mehr teilen, bleiben sie ein unzertrennliches Paar. Ehrgeiz und Leidenschaft verbinden sie, der Traum von der Größe Russlands und der Wille, die Welt neu zu gestalten. Sie steht im Briefwechsel mit den französischen Aufklärern Voltaire und Diderot, er denkt in großen, historischen Zusammenhängen.

Es ist ein politisches Paar, das Russland zu neuer Macht führt. Die Geopolitik ist das Spielfeld seiner romantischen Vorstellungen. Das Russland jener Zeit ist jung, vital und ehrgeizig. In seinem Expansionsdrang stößt es zunächst auf das Osmanische Reich, nach den Worten eines der Mitarbeiter Potjomkins »eine alternde Schönheit, die nicht begriffen hat, dass ihre Zeit vorbei ist«. Potjomkin selbst findet, es sei an der Zeit, diese »Schönheit« zu beerben. Gemeinsam mit der Zarin entwirft er das »Griechische Projekt«. Dabei handelt es sich um ein kulturelles Programm, ein geopolitisches System und politische Propaganda in einem. Es geht um eine neue Weltordnung. Russland soll darin eine prominente Rolle spielen.

Potjomkin war klassisch gebildet. Er las die griechischen Autoren im Original, war bewandert in antiker Geschichte und vertiefte sich in byzantinischer Theologie. Sein Spitzname war Alkibiades, nach einem berühmten Staatsmann, Redner und Feldherrn Athens. Wie ernst es der Zarin und Potjomkin mit ihrem »Griechischen Projekt« war, zeigt eine Geschichte aus der Familie Katharinas. Am 27. April 1779 gebar die Großfürstin Maria Fjodorowna einen Sohn. Die Zarin und Potjomkin bestanden darauf, dass dieser auf den Namen Konstantin getauft wurde. Die beiden hatten den neugeborenen Konstantin als Kaiser von Konstantinopel vorgesehen, nachdem Russland das Reich der Osmanen zerstört und die alte Hauptstadt des Byzantinischen Reiches erobert haben würde. Das war äußerst ambitioniert. Aber immerhin hatte Russland zwischen 1768 und 1774 mehrere Kriege gegen die Osmanen geführt. Dabei hatten die russische Armee und die Marine eine Reihe von Erfolgen gefeiert – weitere sollten folgen. Die Zarin jedenfalls stellte für Konstantin ein griechisches Kindermädchen namens Helena ein und bestand darauf, dass sie ihm Griechisch beibrachte. Potjomkin selbst unterrichtete den kleinen Konstantin in klassischer griechischer Geschichte. Er sollte ein gebildeter Kaiser werden.

Das »Griechische Projekt« klingt wie eine Marotte von überspannten Personen, doch Potjomkin war es damit ernst. Wie viele Menschen, die sich im 17. Jahrhundert für die Geschichte des klassischen Griechenlands begeisterten, wollte auch er nicht nur über die Antike lesen, er wollte diese Zeiten wiedererrichten. Byzanz sollte unter der Führung Russlands wiederauferstehen. Das war keine neue Idee. Sie war seit Jahrhunderten Teil russischer Propaganda. Im Jahr 1472 heiratete Iwan III., der Großfürst von Moskau, die Nichte des letzten byzantinischen Kaisers. Der Metropolit von Moskau feierte Iwan III. als »den Kaiser eines neuen Konstantinopel – Moskau«. Er gab ihm den Namen Zar, was so viel wie Caesar bedeutet. Im 15. Jahrhundert sagte ein einflussreicher russischer Mönch: »Zwei Roms sind gefallen, aber das dritte Rom steht und es wird kein viertes geben.« Moskau war das dritte Rom.

Potjomkin mochte zwar ein Träumer sein, doch gleichzeitig war er ein nüchtern kalkulierender Stratege, der mit feinem politischen Instinkt und außerordentlichen militärischen Fähigkeiten ausgestattet war. Mit Entschlossenheit ging er daran, das »Griechische Projekt« umzusetzen. Er schmiedete Allianzen gegen die Hohe Pforte in Istanbul und führte Kriege gegen das zwar alternde, aber militärisch immer noch mächtige Osmanische Reich. In mehreren Feldzügen eroberte er riesige neue Gebiete im Süden des Zarenreiches. 1783 gliederte er die Halbinsel Krim, die Perle des Schwarzmeeres, in das Russische Reich ein. Er gründete eine Reihe von Städten wie Odessa, Sewastopol und Cherson – diese Stadt war nach dem altgriechischen Chersonesos benannt, dem Geburtsort des russisch-orthodoxen Glaubens. Wie stark Traum und Wirklichkeit bei Potjomkin verbunden waren, zeigt die Tatsache, dass er im Jahr 1775 Zarin Katharina II. überzeugte, einen

Erzbischof von Cherson zu ernennen, obwohl die Stadt noch gar nicht existierte. Ein paar Jahre später gründete er sie.

Russland konnte nur zur Großmacht werden, wenn es Zugang zum Meer fand. Darum hatte Peter der Große, der bedeutendste russische Zar, St. Petersburg am Baltischen Meer bauen lassen und zur Hauptstadt des Reiches gemacht. Darum hatte er die russische Marine gegründet. Nur wenn Russland auch Seemacht war, konnte es auf der großen Bühne der internationalen Politik mitspielen. Es war Potjomkin, der nun durch seine Eroberungen im Süden des Reiches einen Zugang zum Schwarzen Meer öffnete, das über Jahrhunderte der – wie es hieß – »private See« des Sultans gewesen war. Er baute umgehend die Schwarzmeerflotte auf. Sein Blick richtete sich aber auch auf das Mittelmeer, das »Griechische Projekt« stets vor Augen.

Schon während der ersten Türkisch-Russischen Kriege zwischen 1768 und 1774 entsandte Katharina II. die baltische Flotte in das Mittelmeer, um die Türken in deren Rücken anzugreifen. Tatsächlich fügte die russische Marine der türkischen Flotte im Jahr 1770 bei Çeşme, an der kleinasiatischen Küste, eine vernichtende Niederlage zu. Das war eine erstaunliche Leistung, denn die russischen Matrosen hatten trotz aller Ambitionen ihrer Herrscher keinen besonders guten Ruf. Es drängte die russischen Bauern, die das Gros der Armee stellten, offenbar nicht auf das Meer. Nur die litauischen und estnischen Untertanen der Zaren fuhren seit jeher ohne Zwang zur See. Das Offizierskorps der russischen Marine bestand zum Großteil aus Ausländern. Als Katharina die baltische Flotte nun ins Mittelmeer beorderte, machte diese unerwartet in Portsmouth Station. Mehr als 800 Matrosen waren seekrank geworden und mussten sich erst einmal erholen. Der Oberkommandierende der Flotte war Fürst Orlow. Er war vorher noch nie zur See gefahren. Das operative Kommando hatten zwar zwei Schotten inne. Fürst Orlow aber bekam für »seinen« Sieg bei Çeşme von der Zarin den Beinamen Tschesmenskoi verliehen.

Nach Çeşme kontrollierte die russische Flotte eine Zeitlang die östliche Ägäis. Russland hatte sich als Seemacht im Mittelmeer etabliert. Es hatte also seinen guten Grund, dass sich einige Jahre später Fürst Potjomkin über die Karte des Mittelmeeres beugte und Ausschau nach geeigneten Stützpunkten für die russische Marine hielt. Er stieß dabei auf Lampedusa. Armand d'Avezac schildert, dass in den Nachlasspapieren Potjomkins folgender Bericht über Lampedusa gefunden wurde:

»Seine Position ist die beste, die das Mittelmeer zu vergeben hat: Sie eignet sich sogar besser als Malta dazu, in Friedens- wie in Kriegszeiten eine Flotte zu stationieren.

In Kriegszeiten, wenn die Insel sich einer Invasion gegenübersehen würde oder den Angriff einer überlegenen Flotte erleiden müsste, könnten sich die Schiffe schnell nach Malta zurückziehen oder nach Sizilien, Kanonenbatterien der Insel könnten auch den Flotten der Küsten einen gewissen Schutz bieten.

Dies ist die beste Position, um den Handel zu beschützen. Da sich die Insel auf halbem Weg zwischen der Levante und der Meerenge von Gibraltar befindet, könnten die Frachter, die von der einen und der anderen Küste kommen, von den hier stationierten Fregatten beschützt werden.

Man könnte auf der Insel Munitionslager anlegen, die man vom Schwarzen Meer importieren könnte, so dass man die Munitionen nicht mehr in Italien kaufen müsste, wo sie besonders in Kriegszeiten exorbitant teuer sind.

Die Insel ist in der Lage, alles zu produzieren, was es braucht, um sich selbst zu versorgen: Doch man könnte vorübergehend alles Nötige aus Sizilien oder von der Berberküste importieren, so wie es die Malteser tun.

Dieses Unternehmen wird die Berberstaaten schließlich in den Ruin treiben. Es wird ihnen nicht möglich sein, feindliche Aktionen gegen Russland zu unternehmen. Wenn Malta ernsthaft zusammen mit Russland gegen die Schiffe dieser

Mächte vorgehen wird, dann werden die Algerier niemals diese Insel überwinden, und Tunis sowie Tripolis werden auf Dauer blockiert sein.

Schließlich ist das hier die bestmögliche Position, um ein Lager für russische Produkte anzulegen, die über das Schwarze Meer exportiert werden, sowie für die Waren, die man auf dem Rückweg dorthin transportieren wird.«

Dies sind Zeilen eines Eroberers und Städtegründers, eines Romantikers und Staatsmannes, wie Fürst Potjomkin einer war. Der flamboyante, mächtige Partner von Katharina der Großen hatte viele Neider am Petersburger Hof. Sie sagten ihm alles Mögliche nach, darunter auch, dass er die Zarin in seinen sexuellen Bann geschlagen habe. Man kann sich vorstellen, dass die beiden sich darüber lustig machten. Sie allein nämlich wussten, was sie verband, und sie wussten, dass sie untrennbar waren. Bei allem, was Potjomkin tat, verdächtigten ihn viele eines tiefen Unernstes. Die westlichen Gesandten in St. Petersburg glaubten einen Spieler und Täuscher vor sich zu haben. Der französische Gesandte Comte de Damas schrieb: »Zu jeder Stunde begegnete ich neuen, frischen Beispielen für die asiatischen Eigenheiten des Prinzen. Er würde eine Provinzverwaltung auflösen, eine Stadt niederreißen mit der Idee, sie woanders wieder zu errichten, er würde eine neue Kolonie gründen oder ein Industriezentrum, und die Beamten einer Provinz austauschen, und das alles innerhalb einer müßigen halben Stunde, bevor er seine gesamte Aufmerksamkeit der Vorbereitung eines Balles oder eines Festes widmete.«

Es war für die mit Vorurteilen behafteten Westeuropäer schwer zu begreifen, dass ein russischer »Barbar« Großes leisten konnte. Man brachte den Begriff »Potemkinsche Dörfer« in Umlauf, der besagte, dass alles, was dieser Fürst tat, nur Fassade sei – nichts Bleibendes, nichts Gehaltvolles habe er geschaffen. Bis heute sind »Potemkinsche Dörfer« im deutschen

Sprachgebrauch geläufig, obwohl zum Beispiel Odessa – eine Gründung Potjomkins – heute eine Millionenstadt mit einer großen Geschichte ist. Bis heute hat Potjomkin vor allem im Westen den Ruf eines Hallodris, obwohl er es war, der für das Russische Reich und für seine geliebte Zarin, der er vollkommen ergeben war, so viele Gebiete eroberte wie kein Russe vor ihm. Sein Plan für Lampedusa war also durchaus ernst zu nehmen. Es hätte ein Stützpunkt in russischem Besitz werden können. Es kam nicht dazu, weil der König von Neapel der russischen Flotte ein Bleiberecht in seinem Hafen einräumte und weil Potjomkin im Jahr 1791 im Süden Russlands der Malaria erlag, fern von St. Petersburg. Als er starb, soll er den letzten Brief seiner geliebten Zarin in den Händen gehalten haben.

9. HÖHLEN

Lampedusa wurde nicht russisch, es blieb eine strategisch günstig gelegene, aber unbewohnte Insel. Menschen kamen immer wieder auf die Insel, denn sie bietet Schutz und Geborgenheit vor den Launen des mächtigen Meeres. Nicht weit vom Hafen entfernt, in einer vor Wind und Wetter geschützten Felseneinbuchtung, liegen mehrere Höhlen, die im Sommer Schatten und Kühle spenden und im Winter Ruhe vor den Stürmen bieten. Es herrscht hier vollkommene Stille. Nicht einmal das Rauschen des Meeres ist zu hören, und der immerzu über die Insel fegende Wind schweigt an diesem Ort. Muslime sind über Jahrhunderte zu diesen Höhlen gepilgert, weil hier einer ihrer Heiligen begraben lag, und Christen machten einen Wallfahrtsort daraus, an dem sie die heilige Mutter Gottes verehrten. Der Ort heißt heute *Cala della Madonna*.

In der kleinen Kapelle ist das gemalte Bildnis eines bärtigen Mannes zu sehen, der mitten am Meer auf einem winzigen Floß kniet. Er hält mit beiden Händen ein Tuch mit der Abbildung Marias und des Jesuskindes hoch. Das Tuch dient ihm als Segel, das sein Floß und ihn vorantreibt. Der Mann heißt Andrea Anfosso. Er stammte aus Ligurien, wo er bei einem Beutezug der Korsaren im Jahr 1561 verschleppt wurde. Anfosso war jahrelang Galeerensklave. Eines Tages legte Anfossos Schiff in Lampedusa an. Er wurde von seinem Herrn in den Wald geschickt, um Holz zu holen. Er ging los und versteckte sich im dichten Unterholz, bis das Schiff ablegte. Ob sein Herr ihn suchen ließ, wissen wir nicht. Vielleicht hat er seine Wachen ausgeschickt, um den entlaufenen Sklaven zu fangen. Anfosso musste bange Stunden überstehen, bis die Wachen wieder abzogen und sein Herr befand, dass es nicht weiter lohne, diesen Sklaven zu suchen. Viel wert war Anfosso für seinen Herrn gewiss nicht, er war einer von Tausenden Galeerensklaven, leicht ersetzbares Menschenmaterial. Er war jetzt frei, aber allein auf einer unbewohnten Insel fern der Heimat. Ziellos streifte er durch den Wald, auf der Suche nach Essbarem, doch bis auf ein paar Beeren fand er nichts. Hungrig und erschöpft, wie er war, sank sein Mut, und er begann daran zu zweifeln, ob er das Richtige getan hatte oder ob es nicht doch besser gewesen wäre, auf dem Schiff zu bleiben und zu warten, bis er einen besseren Ort für die lange geplante Flucht gefunden hätte. Lampedusa war ein Gefängnis unter offenem Himmel. Doch plötzlich erschien ihm ein helles, blendendes Licht. Anfosso fiel auf die Knie und schlug die Hände vors Gesicht. Als das Licht erlosch, lag vor ihm ein großes Tuch mit dem Abbild der Jungfrau und des Jesuskindes. Er wusste, was zu tun war. Anfosso baute ein primitives Floß, hielt das Tuch in die Höhe, Wind kam auf, das Tuch blähte sich, und nach mehreren Tagen erreichte er unbeschadet seine Heimat Ligurien. Zur Erinnerung an seine wundersame Rettung errichtete er in seinem Heimatort Castellaro eine Wallfahrtskirche mit dem Namen *Nostra Signora di Lampedusa*.

Die Legende von Anfosso sagt uns auch, dass die Muttergottes Lampedusa beansprucht hat, dass die Insel also nicht den Muslimen gehörte. In Italiens Süden und auf den italienischen Inseln wird Maria meist mit glühender Leidenschaft verehrt. Sie war Retterin und Schutzschild gegen die muslimischen Korsaren und Invasoren. Auf den Inseln und an den Küsten war über viele Jahrhunderte Angst der ständige Begleiter der Menschen. Sie könnten jederzeit verschleppt, ausgeraubt, erschlagen werden. Sie lebten in einem Zustand der permanenten Belagerung. Dagegen wappneten sie sich, indem sie Wachttürme bauten, Befestigungen errichteten und in der Kapersaison ihre Garnisonen verstärkten.

Die Muttergottes stand ihnen bei. Sie ist wie ein Totem, das die bösen, allzu realen, allzu mörderischen Geister von den Küsten fernhält.

Doch es dauerte lange, bis sich die Muttergottes als Schutzpatronin Lampedusas durchsetzte. Ihr Sieg war nicht ausgemacht. Im Laufe der Jahrhunderte ließen sich der Überlieferung nach in den Höhlen vor der Insel mehrere christliche Eremiten nieder, darunter auch ein französischer Mönch. Dieser war in seinem Glauben gewiss sehr gefestigt, und doch war er kein Fanatiker, sondern ein sehr flexibler Mann. Wenn muslimische Seefahrer zu ihm kamen, führte er muslimische Glaubensriten aus, und wenn christliche kamen, dann christliche. Dafür erhielt er Wasser, Nahrung und wohl auch etwas Geld, von dem er sich Waren kaufen konnte, wenn denn einmal ein Handelsschiff hier anlegte. Er machte sich für die Seefahrer auch nützlich, indem er ein Feuer unterhielt, das die vorbeifahrenden Schiffe vor den Klippen Lampedusas warnte. Christen und Muslime näherten sich dem Ort und dem Mann, der ihn bewohnte, mit derselben Ehrfurcht, grausame Krieger waren darunter, verschlagene Händler und abenteuerlustige Reisende. Sie flüchteten sich vor heraufziehenden Stürmen in den natürlichen Hafen Lampedusas, gerade noch rechtzeitig, bevor die vom Wind meterhoch aufgepeitschten Wellen ihre Schiffe verschlangen. Sie warteten im Hafen von Lampedusa, bis sich der Sturm legte. Bevor sie wieder in See stachen, pilgerten sie an den Wallfahrtsort, um sich bei ihrem Gott zu bedanken und zu beten. Dort trafen sie den Eremiten, einen klapperdürren Mann mit einem langen dichten Bart, der sie mit stechenden Augen betrachtete. Er lebte unter einem Felsüberhang, wo er sich ein einfaches Lager bereitet hatte. Seine Vorräte lagerte er im tiefsten Inneren der Höhle, wo es kühl war und einigermaßen sicher vor den Tieren, die sich diesen Ort mit dem Eremiten teilten. Wenn Muslime kamen, dann geleitete sie der Eremit in den einen Teil der Höhle, wenn Christen kamen, dann in einen anderen Teil, wo er jeweils die geforderten Gebete sprach. Durch diese räumliche Trennung sollte auch sichergestellt werden, dass keine der beiden Religionen Anspruch auf den ganzen Ort erheben konnte.

Das alles spielte sich auf sehr kleinem Raum ab. Die Höhlen, die Felsüberhänge, die ganze Einbuchtung kann ich in wenigen Minuten abschreiten. Als ich mich aber hinsetze und die Augen schließe, umfängt mich eine flauschige Stille. Aus dem Eremiten, an den ich gerade noch gedacht habe, wird der Zauberer Prospero aus dem Shakespeare-Drama »Der Sturm«. Auch er wohnte in einer Höhle auf einer tosenden Insel. Er war nicht freiwillig dorthin gekommen. Prospero war Herzog von Mailand gewesen, doch sein Bruder Antonio hatte ihn mithilfe Alonsos, des Königs von Neapel, vom Thron vertrieben. Prospero entkam und strandete wahrscheinlich auf Lampedusa, gemeinsam mit seiner Tochter Miranda. In diesen Höhlen könnte er gehaust haben, hier saß er jahrelang, verfeinerte seine magischen Künste und sann auf Rache, während seine Tochter Miranda zu einer wunderschönen Frau heranwuchs.

Der Tag der Rache kommt, als der König von Neapel auf seiner Rückreise von Tunis an Lampedusa vorbeisegelt. Prospero entfacht einen Sturm, das Schiff sinkt. Lampedusa wird jetzt zu einer Bühne, auf der Shakespeare gleich mehrere große Themen der Menschheit behandelt. Eines davon ist die Reinheit der Liebe, hier zwischen Miranda und Ferdinand, dem Sohn von König Alonso. Ferdinand irrt auf der Insel umher, überzeugt davon, dass sein Vater und die ganze Mannschaft ertrunken sind. Da trifft er auf Miranda, die in Begleitung ihres Vaters Prospero ist. Zwischen den beiden jungen Menschen ist es Liebe auf den ersten Blick. Es entwickelt sich folgender Dialog:

Ferdinand: Gewährt mir den Wunsch zu wissen, ob Ihr auf dieser Insel wohnt. Und bitte weist mich gründlich ein, wie ich mich zu verhalten habe.

Mein erster Wunsch, obgleich als letzter ausgesprochen, ist, Ihr schönes Wunder, seid Ihr ein Mädchen oder nicht?

Miranda: Kein Wunder, Herr, aber ganz gewiss ein Mädchen!

Ferdinand: Meine Sprache, Himmel, ich wär der Höchste unter denen, die sie sprechen. Wäre ich nur dort, wo man sie spricht.

Prospero: Der Höchste, sagst du? Was wärst du, wenn dich der König von Neapel hörte?

Ferdinand: Ein Wesen, das wie ich erstaunt ist, dass du auf Neapel zu sprechen kommst. Er hört mich fürwahr und es erfüllt mich Trauer. Ich selbst bin nun König und ich sah mit eigenen Augen, die seitdem nie verenden, wie der König, mein Vater, versank. Er starb mit allen seinen Hofleuten.

Die Reinheit dieser Liebe überrascht Prospero und stimmt ihn, der doch aus ist, grausame Rache zu üben, milder. Die Welt, in die Ferdinand und Miranda hineingeboren wurden, ist gewalttätig und voller Gefahren. Sie lauern in der eigenen, unmittelbaren Umgebung. Ferdinand weiß es noch nicht, aber sein Vater, Alonso, der König von Neapel, hat überlebt. Auch er irrt gemeinsam mit seinem alten Berater Gonzalo, seinem Bruder Sebastian und Antonio, dem Bruder Prosperos, über die unwirtliche Insel. Gonzalo ist dem König treu ergeben, während Sebastian und Antonio ihm aus Machthunger nach dem Leben trachten und auch keine Gelegenheit auslassen, in seinen Wunden zu rühren. Der König glaubt, seinen Sohn verloren zu haben, und windet sich vor Schmerz. Der alte Gonzalo, erfahren, pragmatisch, klug, versucht nach vorne zu blicken und seinen König zu trösten:

»Ich bitte Euch Herr, seid heiter. Ihr habt Grund, wir haben alle Grund zur Freude; denn unsere Rettung wiegt schwerer als unser Verlust. Der Anlass unseres Schmerzes ist nicht ungewöhnlich: Da gibt es täglich die Seemannsfrau, die Eigner eines Handelsschiffes, den Kaufmann, die alle dasselbe zu beklagen haben. Was indessen jenes Wunder angeht – ich meine unserer Errettung –, so können unter Millionen nur wenige Ähnliches wie wir berichten. So wägt weise, guter Herr, unseren Kummer gegen unseren Trost!«

Gonzalo spricht wie ein Schiffbrüchiger, der über alle erlittenen Schmerzen hinweg sein eigenes Überleben zunächst einmal ins Zentrum stellt. Doch König Alonso hat dazu nicht die Kraft, er verharrt in der Verzweiflung: »Ihr stopft mir diese Worte ins Ohr, ganz wider die Neigung meines Sinns. Hätte ich doch meine Tochter nie dort vermählt. Auf dem Heimweg verlor ich meinen Sohn und in meinen Augen auch sie, die nun so von Italien entfernt ist, sodass ich sie nie wieder sehen werde. Oh du mein Erbe von Neapel und Mailand. Welcher Meeresfisch mag dich verschlungen haben!«

Gonzalo lässt nicht locker. Ja, er sieht jetzt, da alles verloren scheint, die Möglichkeit gekommen, auf dieser Insel von Neuem zu beginnen. Es müsse doch möglich sein, diese Welt in eine bessere zu verwandeln. Die beiden machthungrigen Zyniker Antonio und Sebastian verspotten den Alten wegen seines Optimismus.

Gonzalo: Hier gibt es alles, was dem Leben förderlich ist.
Antonio: In der Tat – bis auf Lebensmittel.
Sebastian: Von denen es keine gibt oder so gut wie keine.
Gonzalo: Wie üppig und frisch das Gras erscheint! Wie grün!
Antonio: Der Boden ist tatsächlich braun verbrannt.
Sebastian: Mit einem Fleckchen Grün gesprenkelt.
Antonio: Er geht also nicht ganz fehl.
Sebastian: Nein, die Wahrheit verliert er völlig.
Gonzalo: Ganz beispiellos aber ist – es ist wirklich fast unglaublich –
Sebastian: Wie so manche wohl bezeugte Beispiellosigkeit!

Gonzalo: ... dass unsere Kleider, die doch vom Meer
   durchweicht waren, dennoch ihre Makellosigkeit und
   ihren Glanz bewahrten, eher wie vom Färber aufge-
   frischt als vom Salzwasser beschmutzt (...)
   Sollte ich die Insel kultivieren, Herr ...
Antonio: Würde er sie mit Brennnesselsaat bestellen.
Sebastian: Oder Sauerampfer oder Malven.
Gonzalo: Und wäre ich hier König, was würde ich tun?
Sebastian: Sich nie betrinken, weil es keinen Wein gibt.

Gonzalo hört nicht hin. Er lässt sich nicht bremsen und entwirft nichts weniger als eine umfassende Gesellschaftsutopie.
Lampedusa wird in seiner Fantasie zu einem Ort, wie ihn die
Welt noch nie gesehen hat – es herrscht Gerechtigkeit, es gibt
keinen Krieg, keine Unterdrückung und keine Mühsal. Der
Mensch lebt im Einklang mit der Natur. Es ist eine Welt des
vollkommenen Glücks: »In diesem Staatswesen würde ich alle
Angelegenheiten ganz anders regeln als gewohnt. Denn keinerlei Handel ließe ich zu, keinerlei Behörden; ein Schrift-
tum wäre unbekannt; Reichtümer, Armut und Dienstbarkeit
– nichts davon; Vertrag, Erbfolge, Landbesitz, Grenzsteine,
Wein- und Ackerbau – nichts; auch kein Gebrauch von Metall,
Getreide, Wein oder Ölen; keine Arbeit, alle Männer müßig,
alle; und auch die Frauen, dabei unschuldig und rein; keine
souveräne Macht (...) alles müsste die Natur für den gemeinsamen Bedarf liefern, ohne Schweiß und Anstrengung, Verrat
oder Verbrechen, Schwert, Spieß, Flinte oder andres Kriegs-
werkzeug gäbe es bei mir nicht. Stattdessen brächte die Natur
aus eigener Kraft den größten Überfluss, die größte Fülle hervor, um mein friedliches Volk zu ernähren.«
   So schön dies alles klingt, so hat »Der Sturm« von Shakespeare doch auch eine dunkle Seite der Unterwerfung. Als Prospero auf die Insel kommt, trifft er Caliban. Er ist der Sohn
der verstorbenen Hexe Sycorax und Herr der Insel, der Herr
Lampedusas. Doch Prospero stößt ihn mithilfe seiner Zauber-

künste vom Thron und macht ihn sich untertan. Caliban ist ein »schwarzer, wilder, deformierter Sklave«. Er ist der geborene Barbar.

Als »Der Sturm« 1611 uraufgeführt wurde, war Europa immer noch fasziniert von der Neuen Welt jenseits des Atlantiks. Man verschlang die Berichte der Entdecker, die sich aufgemacht hatten, um die unbekannten Welten zu erkunden. Auf ihren Schultern wanderten die Leser durch den amerikanischen Kontinent, über gewaltige Berge, die den Himmel berührten, durch dichten Dschungel, der voller wilder Tiere war, vorbei an Flüssen, die so weit waren wie das Meer, sie begegneten unbekannten, furchterregenden Völkern. Die Leser folgten auch den Eroberern, die sich gewaltige Landstriche aneigneten und grausame Kriege führten. Diese Gewalt brauchte eine Rechtfertigung. Die Kolonisierung der Neuen Welt musste begründet werden. Gott wurde dafür beansprucht. Er habe den Europäern den Auftrag gegeben, die wilden Völker zu zivilisieren. Es war »Die Bürde des Weißen Mannes«. So hieß das Gedicht, das der englische Schriftsteller Rudyard Kipling im Jahre 1899 veröffentlichte. Kipling ruft dem Weißen Mann zu:

> »Bindet Eure Söhne ans Exil
> um den Bedürfnissen Eurer Gefangenen zu dienen.
> In schwerer Rüstung sollen sie warten,
> um die Wilden zu verschrecken
> Eure neu gefangenen verdrossenen Völker,
> halb Teufel und halb Kind«

Die englische Kolonialmacht war auf ihrem Höhepunkt, als Kipling das schrieb. In seinen Zeilen findet sich in komprimierter Form die Verbrämung für die Raubzüge der Europäer in ihren Kolonien. Shakespeares »Sturm« ist ein vielschichtiges Werk, doch es ist auch als Rechtfertigung für den Kolonialismus gelesen worden. Nach dieser Interpretation stehen Prosperos Zauberkünste für die Zähmung der wilden Natur durch den Menschen. Prospero ist der moralisch Überlegene. Caliban ist der Wilde, der durch nichts und niemanden zu bessern ist. Er muss Sklave bleiben, weil er zu anderem nicht taugt.

»Der Sturm« löste Jahrhunderte später eine literarische Antwort von der anderen, der unterworfenen Seite aus. Sie kam vom Schriftsteller Aimé Césaire. Er wurde 1913 auf der Antilleninsel Martinique geboren, eine französische Besitzung in der Karibik, und ging zum Studium nach Paris. Césaire schuf den Begriff der Négritude, der den Eigenwert der afrikanischen Kultur gegenüber den Weißen betonte. Négritude ist politisches wie auch künstlerisch-kulturelles Programm, das während des Befreiungskampfes der Kolonialvölker im 20. Jahrhundert eine große Rolle spielte. Césaire war Dichter, Erzieher, Abgeordneter der französischen Nationalversammlung, und er war ein Vorkämpfer der politisch-kulturellen Befreiungsbewegung. Gleichzeitig aber war er geprägt von der französischen Kultur und der europäischen Geistesgeschichte. Er setzte sich mit ihr auseinander, indem er unter anderem ihr kolonialistisches Wurzelwerk offenlegte und es mit künstlerischen Mitteln bloßstellte. 1969 veröffentlichte er eine Neuadaption von Shakespeares Drama unter dem Titel »Ein Sturm. Stück für ein schwarzes Theater«.

Caliban wird darin ausdrücklich als »schwarzer Sklave« eingeführt. Zwischen Herren und Sklaven entwickelt sich folgender Dialog:

Prospero: Irgendwie muss ich dich ja schließlich nennen. Also? Kannibal würde passen, aber ich bin sicher, der wird dir nicht gefallen.

Caliban: Nenne mich X. Das ist besser. Als sagte man: Menschen ohne Namen. Noch genauer, der Mensch, den man seines Namens beraubt hat. Du sprachst eben von Geschichte. Nun, das ist die Geschichte, und eine berüchtigte dazu. Jedes Mal, wenn du mich rufst, wird mich das an die grundlegende Tatsache erinnern, dass du mir alles bis hin zu meiner Identität gestohlen hast.

Césaire belässt es nicht bei der Klage über die Unterdrückung und der deutlichen Beschreibung des an Caliban begangenen Unrechts. Caliban rebelliert mit Erfolg gegen seinen Herren, während Prospero, zur Strafe für seine Untaten, dem Wahnsinn verfällt. So wie bei Shakespeares »Sturm« die Insel zu einem utopischen Ort wird, an dem der Mensch in vollkommenem Glück leben kann, so blitzt jedoch auch bei Césaires Theaterstück trotz der gewalttätigen Beziehung zwischen Prospero und Caliban die Utopie des brüderlichen Friedens zwischen den Menschen auf. Der Luftgeist Ariel, der in Césaires Stück ein Mulatte ist, sagt zu Caliban: »Wie oft hab ich davon geträumt, dass eines Tages Prospero, du und ich in brüderlicher Eintracht uns daran machten, eine neue wunderbare Welt aufzubauen, zu der ein jeder von uns seine ganz besonderen Fähigkeiten beitragen würde: Geduld, Vitalität, und Liebe; Willenskraft und Strenge, von jenem leichten Traumgewölk zu schweigen, ohne das die Menschheit an Erstickung zugrunde ginge.«

Césaire schreibt Shakespeares Werk zwar um, er macht daraus ein Stück der Befreiung und nicht der bleibenden Unterwerfung – in einem Punkt allerdings trifft er sich mit ihm. Die Insel ist ein Ort der Utopie. In Shakespeares »Sturm« träumt Gonzalo inmitten der Unwirtlichkeit eine umfassende Gesellschaftsutopie, und Césaire entwirft hier ebenfalls das Bild einer wunderbaren, brüderlichen Welt. Wenn es Lampedusa war, das Shakespeare vor Augen hatte, als er »Der Sturm« schrieb, diente diese Insel als Projektionsfläche menschlicher Sehnsüchte nach Frieden, Freiheit und Brüderlichkeit.

Der französische Eremit, der unter den Felsvorsprüngen lebte, musste von einer ähnlichen Sehnsucht getrieben worden sein, als er alles hinter sich ließ, um sich auf Lampedusa zurückzuziehen. Ich würde gerne mehr über ihn erfahren, aber die Spuren, die ich in Büchern finde, sind spärlich und widersprüchlich. Ich möchte ein Gefühl dafür bekommen, wie es war, hier zu leben, und gehe in eine Höhle hinein, so weit wie möglich. Ich muss mich bücken, drei Meter weit komme ich, nicht viel weiter. Der Felsen in der Höhle ist wie ausgewaschen. An manchen Stellen ist er löchrig, und tief im Inneren sind ein paar größere Einbuchtungen, die sich durchaus dazu eignen, Gegenstände zu verstauen. Es riecht nach trockener Erde. Ich setze mich mit dem Rücken zur Felswand und schaue hinaus ins Freie. Im schütteren Halbdunkel der Höhle wirkt das Tageslicht draußen noch heller. Die Welt scheint mir plötzlich sehr weit weg zu sein, als gäbe es einen Zusammenhang zwischen Licht und Distanz, als wäre ich durch meinen Eintritt in den Schatten der Höhle auch in eine andere Zeit eingetreten. Der Eremit saß hier, in dieser Höhle, und murmelte stundenlang seine Gebete, während die unerbittliche Sonne auf die Insel niederbrannte; vielleicht ist er nachts hinaus ins Freie und hat, immer noch betend, die Sterne betrachtet und versucht, im Universum aufzugehen. Er lebte in totaler Einsamkeit.

Die gefürchteten muslimischen Korsaren Hayrettin Barbarossa und Dragut, der grausame christliche Pirat Romegas, der berühmte Genueser Admiral Andrea Doria – sie alle kamen an Lampedusa vorbei, und es ist durchaus möglich, dass sie die Pilgerstätte besuchten. Ich stelle mir vor, wie sie hier auftauchten, gefolgt von ihren Offizieren und Dienern, wilde, charismatische Gestalten, die mit einem Wimpernschlag über Leben und Tod eines Menschen entscheiden konnten. Sie rufen mit ihren befehlsgewohnten Stimmen nach dem Eremiten, und der kommt aus seiner Höhle hervor wie ein Gespenst. Wie wird er diesen mächtigen Männern begegnet sein? Wusste er überhaupt, wen er vor sich hatte? Selbst wenn er erfuhr, dass ein Hayrettin Barbarossa vor ihm stand, oder ein Dragut, oder Romegas, und wenn er über deren Taten im Bilde war; es wird ihm nichts bedeutet haben. Er hatte sich von der Welt abgewandt, von der Eitelkeit der Menschen, von ihrer Gier und ihrer Grausamkeit. Nur Gott hatte Macht über ihn. Er wird die von Besuchern gewünschten Riten ausgeführt haben, ohne den geringsten Hinweis darauf zu geben, was er dachte. Und wie war es mit den Piraten? Hat die Begegnung mit dem Eremiten sie zum Nachdenken über ihr eigenes Leben gebracht? Oder war es für sie nur eine rituelle Angelegenheit ohne größere Bedeutung? Sie glaubten an Gott. Sie glaubten, dass er ihre Grausamkeiten tolerierte, ja dass er sie von ihnen in vielen Fällen sogar verlangte. Sie waren Gottes Krieger.

Ich muss die Augen zukneifen, als ich aus der Höhle trete, aus dieser Zeitmaschine, die mich für einige lange Minuten ein paar Jahrhunderte zurückkatapultiert hat. Lampedusa ist eine Insel mit vielen Türen, die in die Vergangenheit führen. Es dauert eine Weile, bis ich wieder in das Jetzt eingetreten bin, doch der Eremit will mich nicht loslassen. Ich beschließe jemanden aufzusuchen, der mehr über ihn wissen könnte: den Priester von Lampedusa, Don Stefano.

10. KIRCHEN

Die Kirche Lampedusas ist ein großer, schlichter Bau, der von
außen betrachtet trutzig aussieht, wie einer dieser Wachttürme, die an den Küsten Italiens errichtet wurden, um die
Piraten abzuwehren. Im Inneren ist die Kirche luftig und hell.
Bar jeder überflüssigen Ornamentik ist sie auf das Wesentliche reduziert. In den vorderen Kirchenbänken sehe ich zwei
Frauen. Sie sitzen da, schauen auf den Altar und tauschen
flüsternd ein paar Worte aus. Sonst sind keine Menschen hier.
Als am 3. Oktober 2013 fast 400 Flüchtlinge vor Lampedusa
ertranken, da las der Priester hier eine Messe und die Kirche
war brechend voll. Sie ist der Ort, an dem man sich versammelt, wenn ein Unglück geschieht oder wenn Gefahr droht.
Es gibt eine ganze Reihe von Geschichten, die belegen, wie an
den italienischen Küsten Frauen und Kinder in die Kirchen
flüchteten, während die kampffähigen Männer versuchten,
die angreifenden Piraten abzuwehren. Es gab Kirchen voller
Menschen, die lichterloh brannten, es drangen verzweifelte
Schreie aus ihnen, doch niemand kam, um ihnen zu helfen,
weil alle, die helfen konnten, schon tot waren, gefallen im
Kampf mit den Piraten; es gibt Kirchen an den italienischen
Küsten, die verwüstet und leer zurückblieben, weil alle verschleppt worden waren, die sich hierher zurückgezogen hatten und nun auf dem Weg zu den Sklavenmärkten des Mittelmeeres waren, wo sie verkauft werden sollten. Und es gibt
Kirchen wie die von Lampedusa, in der sich Hunderte Einwohner des Dorfes versammeln, um für Unbekannte zu beten,
die vor dem weißen Sandstrand der Insel ertrunken sind.

   An der linken Seitenwand, gleich neben dem Hauptein-
gang, ist auf etwa zwei Metern Höhe das Bild von Andrea

Anfosso gemalt, wie er auf dem rudimentären, an einen Einbaum erinnernden Floß kniend das Tuch mit dem Abbild der Muttergottes und des Jesuskindes in die Höhe hält und in sein heimatliches Ligurien segelt, wo er sicher ankommen wird. Das Meer auf diesem Bild greift mit nassen Armen nach dem Floß Anfossos, und mir scheint, als spiegelte der Ausdruck auf seinem Gesicht weniger die Hoffnung auf Erlösung oder den festen Glauben an die Muttergottes, sondern eher Verzweiflung und Angst. Wie gottverdammt einsam muss es sein, wenn man sich allein auf dem Meer befindet! Auch wenn Anfosso körperlich unversehrt an Land kam, die herzlose Unendlichkeit des Meeres wird seine Seele verwüstet haben. Alle Flüchtlinge, die nicht ertrunken sind, tragen diese Erfahrung der absoluten Verlassenheit in ihren Herzen wie eine Ampulle des Schreckens.

Als ich weiter in den Innenraum der Kirche gehe, kommt schnellen Schrittes ein kleiner Mann um die Ecke. Er legt die beflissene Eilfertigkeit an den Tag, wie sie Priestern eigen ist, die gleichzeitig Gott und den Menschen dienen.

»Sind Sie Don Stefano?«, frage ich.

Er bleibt stehen, schaut mich an: »Ja, was wünschen Sie?«

Ich erkläre ihm, dass ich mich mit ihm über die Insel und ihre Bewohner unterhalten möchte.

»Folgen Sie mir«, sagt er und geht voran durch eine offen stehende Tür. Wir kommen in einen Vorraum, von dem aus eine weitere Tür auf eine Gasse führt. Das ist offenbar der Eingang, den man normalerweise benutzt, wenn man Don Stefano sprechen will. »Haben Sie noch etwas Geduld. Ich habe noch ein Gespräch. Wenn Sie hier warten könnten?«

»Gewiss doch!«

Don Stefano verschwindet in seinem Büro. Die Tür zur Gasse hin ist halb offen und ich gehe hinaus. Auf dem Treppenabsatz steht ein kleiner hagerer Mann, der mich mit einem Nicken begrüßt.

»Warten Sie auch auf Don Stefano?«, frage ich ihn.

»Nein, ich bin nur hier, weil ich was zu tun habe. Ich warte nicht auf Don Stefano. Sie sind als Nächster dran.«

»Ich habe keine Eile, trotzdem: Danke!«

»Ist nicht der Rede wert.«

Der Mann ist vermutlich an die sechzig Jahre alt. Sein Gesicht ist mit Falten übersät. Der Körper wirkt drahtig und zäh. Seine Hände sind knotig. Wir stehen am Treppenabsatz und schweigen. Obwohl ich im Sonnenlicht stehe, fröstelt mich.

»Kalt!«, sage ich.

»Ja, es ist Winter!«, antwortet er.

»Ist es im Winter hier immer so kalt?«, frage ich ihn, um ins Gespräch zu kommen.

»Für uns Fischer ist er hart, weil wir nicht aufs Meer können.«

»Ah, Sie sind Fischer?«

»Ja, seit ich denken kann.« Er holt ein Taschentuch hervor und schnäuzt sich. »Sie entschuldigen, meine Nase ...«

»Wie ist es mit dem Fischen im Sommer?«

»Viel besser, aber es ist nicht so wie früher. Wir fahren immer weiter raus, immer länger und kommen mit immer weniger zurück. Schlimm ist das, schlimm. Früher waren die Netze in kürzester Zeit voll. Makrelen, Sardinen, Hering, Thunfisch, alles haben wir in rauen Mengen finden können. Aber heute? Wir müssen bis an die tunesische oder die libysche Küste fahren, und selbst dann kommen wir oft mit wenig zurück!«

Der Mann trägt eine Mütze auf dem Kopf, die einen harten Schatten auf seine Augen wirft, sodass ich sie kaum erkennen kann. Das Licht fällt grell auf seine untere Gesichtshälfte, sein spitzes Kinn, seinen schmalen Mund, aus dem die Worte jetzt nur so sprudeln.

»Als ich ein junger Mann war, da hatte ich das Gefühl, hier in Lampedusa im Paradies zu leben. Reich waren wir nie, gewiss. Aber wir hatten doch mehr als genug zum Leben. Das ist alles anders geworden, alles.«

Er hält inne und verlagert sein Körpergewicht von einem Bein auf das andere. Dann zieht er wieder sein Taschentuch hervor und putzt sich damit die Nase. Er steckt es ein und schweigt.

»Ja, das klingt traurig«, sage ich, um ihn zum Weiterreden zu ermuntern.

»Ja, so ist es!«, sagt er knapp.

»Was machen Sie im Winter, wenn Sie nicht auf das Meer fahren können?«, frage ich.

»Ich mache alles, was sich anbietet, kleinere Arbeiten. Ich helfe aus, mal da und mal dort. Meist auf dem Bau.«

»Es ist eine tote Zeit für Sie?«

»Eine tote Zeit, ja!«

In diesem Augenblick kommt Don Stefano aus der Tür, neben ihm eine Dame in ihren Fünfzigern. Die beiden verabschieden sich mit Handschlag.

»Kommen Sie«, sagt Don Stefano und macht eine einladende Geste.

Ich blicke auf den Fischer, der nickt mir zu.

»Wollen Sie wirklich nicht rein? Sie waren zuerst da.«

Er schüttelt nur den Kopf.

»Das ist schon in Ordnung so«, sagt Don Stefano und fordert mich auf einzutreten.

Ich gehe voran, Don Stefano folgt mir. Das Arbeitszimmer ist geräumig und schlicht eingerichtet. An der Stirnwand, gegenüber dem Schreibtisch, hängt ein großes Kreuz an der Wand, daneben steht auf einem Sockel eine über einen Meter hohe Statue der gekrönten Muttergottes mit Jesuskind. Sie überragt Don Stefano um Haupteslänge. Zu ihren Füßen steht ein Bootsmodell, in der Ecke hängt ein Bild des Papstes Benedikt XVI. Sein Nachfolger Franziskus wird Lampedusa bald einen Besuch abstatten und damit die Insel noch berühmter machen, als sie ohnehin schon ist.

»Was kann ich für Sie tun?«, fragt mich Don Stefano, nachdem er sich hinter den Schreibtisch gesetzt hat.

94

»Ich komme gerade vom Wallfahrtsort Cala della Madonna.«

»Hat es Ihnen gefallen?«

»Ja, es ist ein sehr schöner, ruhiger Ort«, antworte ich, und er lächelt zufrieden.

»Der Eremit, der dort lebte, ich interessiere mich für ihn, und ich dachte, Sie wüssten vielleicht mehr über ihn?«

»Es gab mehrere Eremiten im Laufe der Jahrhunderte, Lampedusa ist ja geeignet, wenn man sich zurückziehen will.« Er legt eine Pause ein und fügt dann mit einem hintergründigen Lächeln hinzu: »Es war ein geeigneter Ort dafür!«

Don Stefano hat in diesem Zimmer gewiss schon zahllose Journalisten empfangen. Immer wenn es ein größeres Unglück gibt, dann kommen sie scharenweise auf die Insel. Es sind manchmal so viele, dass sie sich auf der kleinen Insel gegenseitig auf die Beine treten. Und Don Stefano ist immer eine gute Adresse für die Medien. Er ist ja von Berufs wegen dazu ausgebildet, bei Katastrophen die richtigen Worte zu finden. Geboren ist er in der Provinz Agrigent, Sizilien, doch er lebt seit einigen Jahren auf der Insel und kennt die Sorgen und Nöte der Lampedusaner wie kein Zweiter. Der Landpfarrer Don Stefano hat den Umgang mit den Medien wahrscheinlich erst lernen müssen und sich dabei professionalisiert. Er spricht in knappen Sätzen, klar und deutlich. Der Gedanke an diese immer wieder auftretende massive Präsenz der Medien lässt mich von meinem eigentlichen Thema abschweifen.

»Glauben Sie, dass die Einwohner Lampedusas sich verändert haben, seit ihre Insel so in die Schlagzeilen gekommen ist?«

»Die Lampedusaner sind großzügige Menschen, sie haben immer geholfen. Sie wissen, was es bedeutet, übers Meer zu fahren. Und sie sind selber nicht reich. Aber sie haben immer geteilt, was sie haben!«

»Und der viele Medienrummel?«

Don Stefano überlegt kurz und sagt dann: »Auf den ersten Blick erscheinen die Lampedusaner etwas ruppig. Aber ich kenne sie, und ich kann Ihnen sagen: Sie sind zerbrechlich wie ein Grissino, wirklich.«

Das Bild rührt mich. Grissino! Eine dünne mürbe Brotstange! Ich denke an den Fischer vor der Tür und wünsche mir jetzt, dass ich mein Ohr an seinem Rücken anlegen hätte können, um in ihn hineinzulauschen, ob da nicht etwas Zartes war, das knirschend zu zerbrechen drohte. Jetzt, da Don Stefano das Wort ausgesprochen hatte, wird mir mit einem Schlag klar, dass der Fischer geschwächt war und erschöpft, es aber gut hinter der Rede verborgen hatte, die er mir präsentierte. Don Stefano legt mir mit dem Wort »Grissino« einen Hinweis auf den psychischen Zustand der Einwohner von Lampedusa. Immerhin ertrinken seit Jahren Menschen vor ihrer Insel, manchmal verfangen sie sich in ihren Netzen, manchmal werden sie an Land gespült, manchmal sterben sie eingekeilt in einem sinkenden Boot. So viele Tote im eigenen Haus. Muss einem da nicht das Herz brechen? Und dann, dem Tod auf dem Fuße folgend, die vielen Journalisten, die nach Lampedusa kommen und jeden befragen, der ihnen vor die Mikrofone kommt. Muss man da nicht eine schützende Fassade errichten, aus der glatte Sätze herauspurzeln wie aufbereitete Happen für das hungrige Medientier? Der Priester hat mir ein Bild geschenkt, mit dem ich mit einem Schlag einen anderen Blick auf Lampedusa bekomme.

Ich komme zum Anlass meines Besuches zurück und frage: »Wissen Sie mehr über den Eremiten, als ich in Cala della Madonna erfahren konnte?«

»Viel mehr weiß ich auch nicht, nein!«

»Stimmt es denn, dass er je nachdem, wonach verlangt wurde, den christlichen oder den muslimischen Ritus ausführte?«

»Ja, wahrscheinlich. Mit Gewissheit wissen wir es nicht. Doch es wird so erzählt.«

»Sie glauben daran?«

»Ich denke, der Mann, allein da draußen, damals in diesen Zeiten: Er musste ja schauen, wo er blieb. Er war wahrscheinlich so ein Fai-da-te-Mann.«

Fai-da-te, das heißt so viel wie »einer, der sich selbst zu helfen weiß«, ein Mann der Marke Eigenbau, man könnte auch sagen ein Selfmademan, wobei es bei ihm nicht um Reichtum ging, sondern ums Weiterleben. Auch dieses Wort hat Don Stefano mit Bedacht gewählt, denn es beschreibt die vielseitigen und eben auch unchristlichen Tätigkeiten des Eremiten mit der gebotenen Distanz der Amtskirche, und gleichzeitig zollt er ihm Respekt. Es ist ein gelungener, ein geschickter Balanceakt.

»Er hat also den bedient, der gerade kam, und den religiösen Ritus abgehalten, der verlangt wurde, egal welchen?«

Don Stefano sitzt tief in seinem Sessel, er breitet die Arme aus und sagt: »Es war wahrscheinlich eine Überlebensfrage, mal diesen und mal jenen zu versorgen. So ist das Inseldasein, man ist abhängig und muss schauen, wie man weiterkommt.«

Dann spricht Don Stefano lange darüber, wie die Insel vernachlässigt wird, auch jetzt noch, da sie immer wieder in die Schlagzeilen kommt. Dabei sei es doch einfach, man müsse die Grundversorgung verbessern. Schulen, Krankenhaus, eine bessere, günstigere Anbindung an Sizilien. Er benennt all dies, ohne in jenen klagenden Ton zu verfallen, den ich bei anderen Gesprächspartnern gehört habe. Er bleibt verbindlich und gibt mir zu verstehen, dass er Verständnis für die Defizite der Politik habe, sie sei nun einmal eine verschachtelte, komplizierte Maschine, die zu langsam arbeite.

»Wir wissen zwar, was fehlt, aber wir kommen doch nicht voran. Ich selbst habe mit vielen Politikern und Verwaltern gesprochen, ich wurde zurate gezogen, in dieser und in jener Kommission angehört, ich habe Versammlungen besucht, aber ...«

Man sieht Don Stefano jetzt an, dass er viele, viele Stunden damit verbracht haben muss, den Verantwortlichen in Rom und Sizilien zu erklären, was hier in Lampedusa gebraucht wird – ohne allzu großen Erfolg.

»Nein, leider sind wir nicht immer verstanden worden!«

Ich erzähle ihm, dass ich mit dem Fischer draußen ein paar Worte gewechselt habe. »Er hat mir erzählt, dass die Fischer bis an die libyschen und tunesischen Küsten fahren, in der Hoffnung, genügend Fisch zu fangen!«

»Ja, das ist richtig, die Fischgründe um Lampedusa sind überfischt, leider ist das so. Das Leben der Fischer hat sich geändert. Und es kommt noch etwas Wichtiges hinzu.« Don Stefano rückt näher an den Schreibtisch, dann sagt er sehr langsam und deutlich: »Die Fischer hier sind ihre Freiheit gewohnt. Doch man hat im Meer eine Grenze errichtet. Wie kann man das tun? Wie geht das? Das Meer ist doch das Symbol der Grenzenlosigkeit!«

ii. Mangel

Es gibt einen Zusammenhang zwischen der Grenzenlosigkeit des Meeres und der Abhängigkeit Lampedusas von der Außenwelt. Inseln sind immer unsicher. Sie sind den Gewalten der Natur ebenso ausgesetzt wie den Entscheidungen von Großmächten. Fernand Braudel schreibt in seiner Geschichte des Mittelmeeres: »Bis auf wenige Ausnahmen (insbesondere Sizilien) leiden alle Inseln Hunger.« Selbst über das militärisch mächtige Malta weiß Braudel zu berichten: »Trotz der vielen Privilegien, die der Insel erlauben, sowohl von Sizilien als auch von Frankreich Getreide zu beziehen, sind Lebensmittel in Malta immer knapp, so dass die Galeeren der Malteserritter zu den gleichen Mitteln greifen wie die Korsaren von Tripolis und jeden Sommer den Getreideschiffen am Ausgang der sizilianischen caricatori auflauern.«

Inseln können sich selten wehren, sie sind zu klein und zu schwach dafür. Ihr Schicksal wird von außen bestimmt. Manche werden dazu verdammt, ausschließlich Zuckerrohr anzubauen (die Kanarischen Inseln), andere müssen Olivenöl herstellen (Djerba) und wieder andere nur Wein (Zypern). Diese Monokulturen haben mit den Bedürfnissen der Inselbewohner und den Möglichkeiten der Inseln selbst wenig zu tun. Ja, oft haben die angebauten Früchte äußerst negative Auswirkungen. Sie bringen die Inseln in noch dramatischere Abhängigkeiten, sie zerstören die Vielfalt ihrer traditionellen Wirtschaftsstruktur. Inseln ziehen viele konkrete Begehrlichkeiten auf sich und wecken gleichzeitig diffuse Sehnsüchte nach einer besseren Welt. Sie sind schwach und müssen doch all diese Wünsche tragen und ertragen können. Kein leichtes Schicksal. Braudel schreibt trocken: »Die große Geschichte bedient sich der Inseln.«

Nachdem ich mich von Don Stefano verabschiedet habe, sehe ich im Hafen das Tankschiff, das Lampedusa regelmäßig mit Trinkwasser versorgt. Die Insel hat keine Quellen. Sie muss komplett von außen versorgt werden. Das Schiff legt nicht an der Mole an, sondern wirft mitten im Hafen den Anker aus. Es ist ein rot gestrichenes Stahlungetüm, das träge und still daliegt. Das Trinkwasser wird über ein Rohr abgepumpt und vermutlich in eine unterirdische Zisterne geleitet, die nicht weit von meinem Standort am Ufer entfernt sein kann. Die Pumpen auf dem Schiff brummen. Ich halte Ausschau nach Matrosen, doch ich sehe niemanden. Es scheint alles automatisiert abzulaufen, als hätte dieses Schiff auf Befehl irgendeiner weit entfernten Kommandostelle hier angelegt und als würde es wieder ablegen, sobald es seinen Auftrag erfüllt hat. Als dürfte es keinen menschlichen Kontakt mit der Insel geben.

Von meinem Standort aus sehe ich auch die Fähre, die an der Mole angelegt hat. Ein paar Menschen warten, einige Dreiradmofas und zwei Polizisten, die etwas abseits stehen und das Ganze beobachten. Zwei Lieferwagen kommen aus dem Bauch der Fähre, sie schaukeln über die Rampe. Kaum sind sie auf der Mole angekommen, fahren sie mit laut brummenden Motoren davon. Sie bringen das Lebensnotwendige. Öl, Mehl, Nudeln, Salz, Obst, Gemüse, alles muss aus Sizilien herangeschafft werden, denn Lampedusa selbst bringt fast nichts hervor, jedenfalls viel zu wenig, um die Bedürfnisse der Bewohner stillen zu können. Auf der Insel ist alles teurer als auf dem Festland, besonders im Sommer, wenn die Touristen kommen und die Nachfrage nach Lebensmitteln und Wasser beträchtlich steigt. Neun Stunden braucht die Fähre von Sizilien nach Lampedusa. Wenn das Wetter schlecht ist, kommt sie gar nicht. Das kann manchmal viele Tage dauern, und die Menschen werden mit jedem Tag unruhiger, während die Lebensmittel zur Neige gehen und die Preise steigen. Bei schlechtem Wetter rückt den Einwohnern ihre Abhängigkeit stärker ins Bewusstsein. Es muss sich dann anfühlen, als lebe man nicht auf einer Insel, sondern in einem Gefängnis unter offenem Himmel.

Als im Januar 2009, während der Rebellion in Lampedusa, einige Männer aus dem Aufnahmelager entkommen waren, postierten sich Polizisten an der Mole und durchsuchten jeden Wagen, der auf die Fähre wollte. Emanuele Crialese hat diese Begebenheit in seinem Film »Terraferma« verarbeitet. Darin versucht die Familie Pucillo, mit einem Lieferwagen eine afrikanische Frau, ihr gerade geborenes Kind und ihren zehnjährigen Sohn auf die Fähre zu schmuggeln. Großvater und Enkel Pucillo haben die Frau und ihren Sohn einige Wochen zuvor aus dem Wasser gefischt. Doch das hätten sie nicht tun dürfen, denn dem italienischen Gesetz zufolge ist das »Beihilfe zur illegalen Immigration« und kann mit Gefängnis bestraft werden. Sie hätten die Frau sofort an die Polizei übergeben müssen, und selbst dann wären sie vor einer Strafe nicht sicher gewesen. Als die Pucillos sehen, dass jeder Wagen an der Mole penibel kontrolliert wird, drehen sie um und flüchten nach Hause, wo sie die Frau und ihre Kinder wieder verstecken. Die Pucillos müssen sich vor der Polizei ihres eigenen Landes fürchten, obwohl sie nichts anderes getan haben, als Menschen vor dem Ertrinken zu retten. Es ist eine beklemmende Szene, die gleichzeitig vollkommen real ist. Jeder Fischer von Lampedusa kann in die Lage der Pucillos geraten. Er muss nur seinem Instinkt und dem Gesetz des Meeres folgen, wonach Menschen in Seenot gerettet werden müssen, egal wer sie sind.

Die beiden Polizisten an der Mole haben an diesem Tag nichts zu tun. Sie stehen nur da, nicken dem einen oder anderen zu und beobachten das Entladen und Beladen der Fähre. Doch das könnte sich schnell ändern. Es müsste sie jetzt nur die Nachricht erreichen, dass aus dem Aufnahmelager Flüchtlinge entkommen sind. Sie würden gemeinsam mit anderen herbeigerufenen Kollegen sofort einen Kontrollpunkt an der Mole einrichten. Jeder Wagen würde durchsucht werden, alle

Fahrer befragt: »Wohin fahren Sie? Was haben Sie geladen? Nichts!? Wirklich? Lassen Sie uns mal sehen. Öffnen Sie den Kofferraum!« Jeder, der die Insel verlassen will, wäre plötzlich verdächtig. Die Polizei hat die Insel besetzt, im Namen des Gesetzes. Es ist, als wäre Lampedusa die Kolonie eines fremden Staates, der die Rechte seiner Untertanen einschränken kann, wann immer er will.

Es ist nun an der Zeit, Fregattenkapitän Bernardo Sanvicente zu begleiten. Dieser landet am 21. September 1843 mit den zwei Dampfschiffen *La Rondine* und *L'Antelope* im Hafen von Lampedusa. Er ist aus Porto Empedocle, Sizilien, mit dem Auftrag des Königs ausgelaufen, »die Kolonie, die neue Gemeinde und das neue Dorf zu errichten«. Es ist die erste Expedition, die es sich zum Ziel gesetzt hat, Lampedusa dauerhaft zu besiedeln. An Bord sind rund 120 Menschen, die meisten von ihnen kommen aus Sizilien oder von den kleinen Inseln Ustica und Pantelleria. Es sind Handwerker, Bauern und Beamte, allesamt Untergebene Ferdinands II., des Königs von Neapel, der ein großer, dicker Mann ist und sich im Revolutionsjahr 1848 den Spitznamen »Re Bomba« verdienen wird. Er schlägt in diesem Jahr den separatistischen Aufstand in Sizilien nieder und lässt dabei die Stadt Messina acht Monate lang gnadenlos bombardieren. Hunderte Menschen sterben. Messina liegt in Trümmern. Am Ende seiner Regentschaft zieht sich Ferdinand II. ins Königsschloss von Caserta zurück, während sein Reich in ganz Europa gleichzeitig Spott und Entsetzen hervorruft. In den Gefängnissen sitzen Tausende Oppositionelle, die Wirtschaft liegt völlig am Boden, die Beamtenschaft ist, wo sie nicht korrupt ist, ausgelaugt und demotiviert. »Re Bomba« blieb sich bis zum Schluss treu. Er wollte nichts wissen von der Einschränkung der eigenen Macht oder gar von liberalen Reformen. 1859 starb er, und ein Jahr später brach sein Reich zusammen.

Als Ferdinand II. aber 1830 auf den Thron stieg, trat er als Reformer auf. Tatsächlich setzte er einige seiner Versprechen um. Er modernisierte das Finanzwesen, er baute die Marine auf, er ließ Zugverbindungen legen. Zu Beginn war er durchaus beliebt beim Volk, weil er besonders korrupte Beamte entließ. Doch die Macht wollte er nicht teilen. Reformen der politischen Verfassung des Landes lehnte er ab. Wer nach solchen Neuerungen strebte, den bestrafte er hart. Das Königreich Neapel wollte er stärken, doch dreinreden durfte ihm dabei keiner. Er war ein überzeugter, verbohrter Absolutist, der sich jeder Kritik verschloss und mit jedem Jahr seiner Regentschaft sturer, uneinsichtiger und gnadenloser wurde.

Die Besiedlung Lampedusas im Jahr 1843 muss man auch im Kontext dieses absolutistischen Geistes sehen. Hier konnte der König auf einem unbeschriebenen Blatt seine ganz eigene Handschrift setzen. Er hatte die Insel der sizilianischen Aristokratenfamilie Tomasi di Lampedusa abgekauft, die sie seit 1436 besaß. Wobei es eine ziemlich unnütze Besitzung war, denn eine dauerhafte Besiedlung der Insel kam nie zustande. Lampedusa blieb ein verlorener Felsen im Meer. Freilich, der Zusatz »di Lampedusa« im Namen klang nach Bedeutung. Das machte sich gut. Einer der Sprösslinge der Familie, Giuseppe Tomasi di Lampedusa, schrieb den Roman »Il Gattopardo«. Dieser wurde 1958 nach dem Tod des Autors veröffentlicht und erlangte Weltruhm. In einem Brief an seinen Freund, den Literaturkritiker Bruno Revel, hat Giuseppe Tomasi di Lampedusa für die Insel, deren Namen er trägt, nur Spott übrig:

»Lieber Revel,
endlich ist Lampedusa zu was nütze! Und wenn es nur das ist, dass dich diese Insel dazu bringt, mir eine paar Worte zu schreiben!

In Lampedusa besitzen wir seit 1842 nichts mehr, weder einen Orangenhain noch einen Garten, auch weil ich glaube, dass keines dieser beiden wunderbaren Dinge auf diesen melancholischen Felsen gedeihen kann. Eine Pfarrei gab es dort nie, weil die 2000 Lampedusaner seit jeher den Ruf haben, sich durch keine Religion binden zu lassen. Da sie früher die Komplizen und Handlanger der Barbaresken waren, sind sie, wenn überhaupt, mehr Mohammed zugeneigt als Christus.

Nichtsdestotrotz gibt es dort ein sentimentales Gefühl, das unserer Familie gegenüber gepflegt wird und von ritterlicher Prägung ist, eine Art feudale Unterwerfung, die sich darin manifestiert, dass wir jedes Jahr mit Geschenken überschüttet werden; darunter vor allem Schwämme im Überfluss, die in den dortigen trüben Gewässern gefischt werden (ich persönlich ziehe das eisige baltische Meer vor). Das sind Geschenke, die wertvoller und teurer sind, als man auf den ersten Blick meinen könnte, aber für mich sind sie voller Ironie (...)

Was zum Teufel macht P. in Lampedusa? Ist er dorthin verbannt worden? Um das wehklagende Mädchen aus Como zu trösten, will ich ihr ausrichten, dass die Atmosphäre des Geheimnisses und des Vagen nicht nur für ihren Geliebten charakteristisch ist, sondern für alles, das sich auf irgendeine Weise auf diese Insel bezieht. Nicht von ungefähr ist sie im Reich der Märchen bekannt: Ariosto verortet hier den Epilog des Orlando und beschreibt sie mit schönen, aber irreführenden Farben; und (das ist die höchste Auszeichnung für eine Insel) Shakespeare hat hier seinen Sturm in Szene gesetzt; so dass mein Vater Prospero wäre und ich Miranda und dein Freund, der Buchhalter P., Caliban für seine Feinde und Ariel für das verliebte Mädchen. Das jedenfalls behaupten einige englische Kommentatoren, deren Version die, das versteht sich, von mir favorisierte ist. Und ein Pilot, der einmal über die Insel geflogen ist, hat mir erzählt, er glaubte eine Mondlandschaft zu sehen!«

Der spottlustige Giuseppe Tomasi di Lampedusa schrieb freilich aus der Distanz. Er hat Lampedusa nie besucht. Er muss gewusst haben, dass seine Familie die Insel verkauft hatte, weil sie verschuldet war. Die Familie Lampedusa hatte sie in der Vergangenheit mehrmals dem König von Neapel zum Kauf angeboten und dabei Argumente ins Feld geführt, die von einer erstaunlichen Kenntnis der geostrategischen Lage zeugten. Ein Hofbeamter des Königs beschreibt, wie ihm der Fürst Giulio Tomasi im Jahr 1791 den Kauf der Insel schmackhaft machen wollte: »Der Fürst bot die Insel dem Souverän zum Verkauf an, weil es wichtig sei, diese Insel gegen die Berber zu halten. Daher müsse sie befestigt und besiedelt werden. (...) Er führte Sizilien vor Augen, dass dem Königreich Sizilien unendlicher Vorteil aus der Befestigung und Besiedlung erwüchse, da die Insel damals der Gewalt und der Willkür der Berber ausgesetzt gewesen sei und sicheren Stützpunkt für Angriffe gegen sizilianische und neapolitanische Schiffe, welche diese Gewässer durchkreuzten, geboten hätte. (...) Die moskowitische Nation, durch die Hand Peters des Großen aus schwerem Schlaf gerissen, bedrohe durch die siegreichen Taten der Herrscherin Katharina im Osten nun auch den Süden, und daher müsse man ein wachsames Auge auf die Insel Lampedusa haben, sei diese doch dank ihrer Buchten und Häfen dazu geeignet, einen sicheren Stützpunkt zur Eroberung von Konstantinopel zu bieten, was seit Langem angestrebt wird. Doch all diesen Gefahren könne man mit großer Sicherheit begegnen, so man jene Insel zügig besiedle und bevölkere und dadurch die Schifffahrt der Völker Siziliens und Neapels sicherer würde und der Handel Aufschwung nähme. Die Lage sei dergestalt, dass aufgrund der Regeln der Navigation alle Schiffe, die von Afrika kommen, oder von Osten nach Westen kreuzen, sich in Richtung der berberischen Küste halten müssten, da diese Passage breiter und weiter sei als jene zwischen Malta und Sizilien, und dass, da anderer Schutz fehle, die Schiffe gezwungenermaßen in Lampedusa Halt machen müssten, und diese Insel dank der kürzeren Wege Malta vorzuziehen sei. Da die Seefahrer einen sicheren Hafen vorfinden, hätten Sizilianer und Neapolitaner einen sicheren Stützpunkt für den Handel mit dem Osten und also könnte die Insel zu einem blühenden Ort werden (...)«.

Die Argumente klangen überzeugend, trotzdem wollte der damalige König von Neapel die Insel nicht kaufen. Es fand sich auch kein anderer Abnehmer. Einer der Gründe dafür ist wohl darin zu suchen, dass es nicht einfach ist, eine Insel zu besiedeln. Dafür braucht es erhebliche finanzielle Mittel, einen langen Atem, Überzeugungskraft und den politischen Willen, über eine längere Zeit Ressourcen zu mobilisieren. Die Lebensbedingungen auf neu zu besiedelnden Inseln sind hart und abschreckend.

Als »Re Bomba« Lampedusa schließlich erwarb, war er offenbar bereit, die Expedition über einen längeren Zeitraum zu unterstützen. Er muss gewusst haben, dass sich die Besiedlung ökonomisch nicht rechnen würde. Um wirtschaftliche Überlegungen dürfte es in erster Linie auch nicht gegangen sein, sondern um staatspolitische und geostrategische. Ein Staat, der die Kraft zur Neubesiedlung unbewohnter Gegenden hat, der ist ein starker Staat. Außerdem konnte Lampedusa als militärischer oder handelspolitischer Stützpunkt durchaus von Nutzen sein. Es war trotzdem schwer, Beamte davon zu überzeugen, ihren Dienst auf Lampedusa zu leisten. Sie weigerten sich, solange sie nur konnten, und schoben dabei alle möglichen Gründe vor. Ein Staatsanwalt auf der Suche nach Personal für Lampedusa berichtete: »Die Gerichtsdiener D. Salvatore Schillaci und D. Giuseppe Gatto haben mir ihre Entschuldigungsgründe vorgebracht, wegen derer sie die Aufgaben, die man ihnen anvertrauen wollte, nicht annehmen können; der erste, weil er von sehr korpulenter Statur ist und daher unfähig, sich auch nur in eine nahe gelegene Gemeinde zu begeben, der zweite, weil er eine schwangere Frau hat, die bald entbindet und sicherlich durch den Gram, den die lang andauernde Abwesenheit ihres Ehemanns verursachte, eine Fehlgeburt erlitte.«

Lampedusa hatte nichts Verlockendes. Als Bernardo San-vicente mit den ersten Siedlern landete, da tat er dies im Stile eines Militärs, der sich eine fremde Gegend unterwarf. Kurz nach der Landung ließ er die Symbole des Königreiches aufpflanzen. In seinem Tagebuch hielt er fest:»So hat noch vor Sonnenuntergang unser Königliches Banner allen seine leuchtende Reinheit und die Besitztümer angezeigt.« Kein Feind wartete auf die Ankommenden, doch vor ihnen öff-nete sich ein unbekanntes Territorium. Lampedusa war dicht bewaldet. In allen Beschreibungen findet sich das Bild eines wilden, paradiesischen Eilands. Es wuchsen Olivenbäume, Jo-hannisbrotbäume, Mastixbäume, Zypressen, Wacholder, Ka-pern. Die Wälder waren von Wildschweinen, Hirschen, Hasen, Füchsen und zahllosen anderen Tieren bevölkert. Die Siedler gingen daran, die Wälder zu roden. Sie taten es so gründ-lich, dass nicht einmal zehn Jahre nach ihrer Ankunft fast nichts mehr davon übrig geblieben war. Schuld daran war das lohnende Geschäft mit der Holzkohle. Die Behörden versuch-ten vergeblich, es zu unterbinden. Der nach Lampedusa ent-sandte Inspektor Schiró erkannte das Übel schon sehr früh: »Man muss bedenken, dass die Siedler nicht nur die Zweige zu Holzkohle verarbeiten, sondern eben auch die Stämme, den Stumpf und sogar die Wurzeln, die sie aus der Erde reißen (...) Einmal zu Holzkohle gemacht sind die Pflanzen in diesem Teil des Waldes zerstört, und in der Folge wird der ganze Wald zerstört. Man muss schon den Gedanken an die Herstellung von Holzkohle vollständig austreiben, so man nicht will, dass die Kolonisierung aus Mangel an Brennholz scheitern wird, da die beiden Dinge, Holzkohle und Kolonie, nicht zusammen bestehen können.«

Es gelang den Behörden nicht, den Menschen diesen »Gedanken auszutreiben«. Es gab in jenen Jahren eine allzu große Nachfrage nach Holzkohle. Die Maschinen der In-dustrialisierung, die sich auch in Süditalien in Gang gesetzt hatten, brauchten Feuer, um arbeiten zu können. In ihren unersättlichen Mäulern verschwanden die Wälder Lampedusas. Großflächige Rodungen hatte es schon in den Jahrhunderten davor gegeben. Die Malteser Ritter waren besonders hungrig nach Holzkohle. Denn auf Malta gab es keine Bäume, die man hätte schlagen können. Es war eine nackte, felsige, unwirtliche Insel. Holz war dort so teuer, dass es zu Kilopreisen verkauft wurde. Und so wie diese christlichen Piraten aus Malta über muslimische Schiffe herfielen, so nahmen sie sich ohne jede Rücksicht auch in Lampedusa, was sie brauchten.

Das Ende kam wenige Jahrzehnte nach dem Beginn der Besiedlung. Entgegen allen Warnungen und gegen den erklärten Willen der zuständigen Beamten wurde weiter gerodet, so lange, bis nichts mehr übrig blieb. Holzkohle wurde geschmuggelt, mit Holzkohle wurde spekuliert. Je knapper sie wurde, desto höher die Preise, die dafür bezahlt wurden. Produktion und Handel spielten sich großteils im Graubereich des eben noch Legalen und des gerade schon Illegalen ab. Lampedusa war eine Insel, aus der man ohne Rücksicht alles herausholte, was zu holen war. Es war niemand da, der sie schützen konnte, noch wollte. Heute ist sie ein 22 Quadratkilometer großer nackter, schroffer Stein. Seine baumlose Trostlosigkeit beschreibt Leutnant Edoardo Avogadro di Vigliano, der im September 1879 mit einem kleinen Trupp Soldaten hier ankam, um seinen Dienst zu verrichten: »Das Fehlen der Bäume auf der gesamten Fläche dieses Landes erzeugte in mir eine dunkle Traurigkeit, verstärkte meine Einsamkeit und machte mich geradezu orientierungslos. Die Bewohner der Insel leiden nicht unter diesem Gefühl, aber wer nicht zu ihnen zählt, der kann nicht anders, als nach einer gewissen Zeit auszurufen: ›Oh, ein Baum! Wer gibt mir einen Baum!‹ Wie um mich zu peinigen, zogen dann vor meinem inneren Auge die baumreichsten Gegenden unseres Italiens vorbei. So wie es geschieht, wenn man schon fürchtet, dass man die Kenntnis von einer Sache verliert, die man so lange nicht mehr gesehen hat, versuchte ich die Idee dieser Sache mit dem Geist zu fixieren, um sicherzustellen, dass sie doch existiert. Ich schloss die Augen und fragte mich: Wie sieht ein Baum aus?«

Es wachsen keine Bäume mehr auf Lampedusa. Der Regen hat den Boden ausgewaschen und der Wind hat den Humus weggetragen, in dem die Pflanzen hätten gedeihen können. Es regiert unumschränkt der Stein. Und er gibt fast nichts her. Basilikum, Petersilie, Auberginen und Zucchini, das ist alles, was aus dem Boden gezogen wird, und die eingebrachten Ernten reichen nicht einmal für den Eigenverbrauch. Nutztiere gibt es keine, bis auf die paar hundert Ziegen und Schafe, die sich zwischen den vom fortwährenden Wind geschliffenen Felsen ihre Nahrung suchen.

Das Erstaunliche an dieser ruinösen Ausbeutung ist, dass sie von Beginn an unter den Augen des süditalienischen Staates stattfand. Auch wenn »Re Bomba« ein grausamer, uneinsichtiger und letztlich katastrophaler König war: Seine Beamten hatten die Besiedlung Lampedusas bis ins Detail geplant. Sie machten es zum Experimentierfeld für ein Modernisierungsprojekt. Sie hatten große Pläne. Eine ganze Reihe von Bestimmungen griff in das Leben der Landpächter ein. Sie mussten sich zur Einhegung und Bearbeitung des Ackers verpflichten und sie mussten ihre Mädchen und Jungen zur Schule schicken. Ohne Erlaubnis des Präfekten konnten sie sich nicht mehr als ein Jahr von der Insel entfernen. Die Erben der Pächter mussten mit ihren Familien innerhalb von sechs Monaten Wohnsitz auf der Insel nehmen, sofern sie nicht hier wohnten. Alle Direktiven der Beamten, ihre Berichte und Empfehlungen sind durchzogen vom Geiste des Absolutismus.

Der Staat wusste, was für die Menschen richtig war. Männer wie der Kommandant Bernardo Sanvicente betrachteten die Siedler wie Wesen, die man zivilisieren und bändigen müsse, um sie zu Menschen zu machen. Und auf dem Weg dorthin lauerten viele Gefahren, die man bannen müsste, mit einer klaren Vorstellung und, wenn es denn nötig war, auch einer harten Hand. In seinem Tagebuch schreibt der

Fregattenkapitän: »Das ist die Regel, die der Natur entspringt: Je weniger Heiraten geschlossen werden, umso leichter werden die schon Bestehenden korrumpiert, je niedriger die Zahl der Verheirateten, desto weniger regiert die eheliche Treue (...) Auf diese leider nur zu weisen Prinzipien habe ich es mir zur Aufgabe gemacht, die Möglichkeit zu Arbeit und Unterhalt zu befördern, indem ich Personen beschäftigt habe, die der unterschiedlichsten Handwerkskünste kundig waren, damit diese vom Laster entstellt nicht der Barbarei verfallen.«

Es gab von Beginn der Besiedlung an Pläne, in Lampedusa auch eine Strafkolonie zu errichten. Die Idee wurde aber von den Beamten verworfen, weil sie fürchteten, dass die Gefangenen »ihre« Inselbewohner korrumpieren könnten. Schließlich wollte man in Lampedusa vielleicht keine ideale Gesellschaft erschaffen, gewiss aber eine mit Vorbildcharakter.

Strafgefangene kamen erst nach dem Zusammenbruch des süditalienischen Königreichs nach Lampedusa. Italien erreichte zwar 1861 unter der Führung des Königshauses von Piemont die langersehnte Einigung, doch ein liberales, demokratisches Land war es deswegen noch nicht geworden. Im Jahr 1875 gab es insgesamt 235 Verbannte auf der Insel, darunter befanden sich »Arbeitsscheue, Diebe, Landstreicher, Messerstecher, Räuber, Camorristen«. Sie kamen aus allen Landesteilen Italiens, aus größeren und kleineren Städten. Der damalige Kommandant der Insel fürchtete, dass die Anwesenheit der Verbannten die Arbeitsmoral der Inselbewohner untergraben könnte. Doch gleichzeitig wusste er ihren Wert zu schätzen, denn sie leisteten einen – wenn auch nicht freiwilligen – Beitrag zur Wirtschaft der Insel. Landbesitzer stellten sie als billige Arbeitskräfte ein, und die Verbannten bezogen die Waren, die sie zur Befriedigung ihrer eigenen Bedürfnisse brauchten, aus den Läden und Geschäften der Insel. Bei allen Klagen über die Gefährlichkeit der Verbannten, ihre Nützlichkeit war augenfällig.

Neben den gemeinen Kriminellen landeten auch Oppositionelle in der Verbannung auf Lampedusa. Ihre Ankunft verunsicherte viele. Ein diffuses Gefühl der Angst machte sich breit. Gerüchte schwirrten durch die Gassen, wonach sich unter den Verbannten wüste Gestalten befänden, die nicht einmal davor zurückschreckten, Könige und Prinzessinnen zu ermorden. Anarchisten seien das. Sie respektierten niemanden, weder Gott noch König noch Vaterland. Einer von ihnen war Errico Malatesta, ein führender Kopf und Aktivist des italienischen Anarchismus. Zwei Jahre soll er in Lampedusa interniert gewesen sein, von 1897 bis 1899. Dann soll ihm die Flucht gelungen sein, mit einem Boot, das ihn in das britisch kontrollierte Malta brachte. Gut möglich, dass ihm ein Einheimischer dabei geholfen hat, einer, der zum Anarchismus konvertiert war. Wir wissen es nicht. Doch es ist eine der vielen Geschichten, die Lampedusa die Aura des Geheimnisvollen geben, den flirrenden Charme eines einsamen Ortes, der für kurze Momente aus dem Schatten in das Rampenlicht der Geschichte gerissen wird.

Doch das sind Momente, nicht mehr. Der übliche Fortgang der Zeit ist geprägt von täglicher Mühsal und von häufigen Rückschlägen. Fregattenkapitän Sanvicente ließ sich davon aber nicht von seinem Weg abbringen. Es fehlte ihm nicht an Ehrgeiz und Pflichtbewusstsein. Er wollte alles richtig machen. Das kann man aus seinen Berichten herauslesen. Wenn er seine Sache in Lampedusa gut machte, dann warteten auf ihn vielleicht noch größere Aufgaben, attraktivere Orte, besser dotierte Posten. Sehr bald nach seiner Landung beschreibt er minutiös die Maßnahmen, die er gesetzt hat, und dass er allen Siedlern die Gesetze und Regeln in Erinnerung gerufen habe, die er, falls sie gebrochen würden, nicht zögern würde, auch mit harter Hand durchzusetzen. Er steht für den strengen, aber gerechten Staat. Doch allen seinen Bemühungen und auch jenen seiner Nachfolger zum Trotz wird Lampedusa nie eine blühende Kolonie werden. Es ist eine Insel, auf der Mangel herrscht, der sich über Jahrzehnte hartnäckig halten wird. Zu wenig Wohnraum, zu wenig Land, zu wenig Nahrung. Es nimmt kein Ende. Die Lage der Insel und die Witterung sind dafür verantwortlich. Sanvicente sieht schon in seinem allerersten Bericht die Schwachstelle: »Ein mehr als wichtiges Thema ist das Schiff zur Aufrechterhaltung der Verbindung, ich weiß nicht, ob man das Schiff hier im Winter einsetzen kann, hier weht der Wind mit ziemlicher Kraft.« Der erste Bürgermeister Lampedusas, der mit Sanvicente auf die Insel gekommen ist, schreibt wenige Monate später einen ernüchternden Report an den zuständigen Intendanten des Königreiches: »Ich kann nicht unerwähnt lassen, Ihnen die Entmutigungen zu offenbaren, die das vollständige Fehlen der Schiffsverbindung und das Ausbleiben der Lebensmittel unter den Stadtwachen hervorgerufen hat und in deren Folge sich zunehmende Unlust, sich irgendeiner Arbeit zu widmen, breitgemacht hat. Schon seit einiger Zeit gibt es keine Pasta mehr, weder Mehl noch Wein (...) Auch die Kekse sind von schlechter Qualität, ranzig und wurmstichig.«

Angesichts dieser Berichte kann man verstehen, warum es schwer gewesen war, überhaupt Siedler für die Insel zu finden. Sie alle waren de facto Angestellte des Staates. Sie mussten also den Entscheidungen der Beamten folgen. Eine andere Wahl hatten sie nicht. Und die Beamten hatten zunächst alles auf die Landwirtschaft gesetzt, denn es ging ihnen darum, den Menschen an die Scholle zu binden und einen Bauernstand zu entwickeln. Doch Trockenheit, Wind, Heuschrecken, Unterkapitalisierung, Verschuldung machten es den Bauern kaum möglich, aus der Not herauszukommen. An das Meer hatten die bourbonischen Staatsdiener offenbar nicht gedacht, ja sie glaubten sogar, wie ein Beamter im Jahr 1857 schrieb, dass »der Fischfang sich nicht zum Geschäftemachen eignet, er beschäftigt nur wenige Personen, obgleich die Gewässer fischreich sind«. Doch einige Siedler warteten nicht darauf, bis die Beamten verstanden, dass das Meer einen Schatz barg, den man heben konnte. Nach mehreren schlechten Ernten machten sich in der zweiten Hälfte des 19. Jahrhunderts einige waghalsige Familien daran, es mit den Fischen zu versuchen. Sie kauften auf eigene Kosten Boote, fuhren hinaus und fischten Sardinen, Sardellen und Makrelen, von denen es im Überfluss gab. Die Familien waren ein beträchtliches Risiko eingegangen. Doch es hatte sich gelohnt. Die Fischerei brachte mehr Gewinn ein, als mit der Harke dem kargen Boden der Insel ein paar magere Früchte abzuringen. Der Hunger hatte die Bewohner der Insel aufs Meer getrieben und viele von ihnen zu Fischern gemacht. Bald entstanden einige fischverarbeitende Betriebe, dort wurde der Fisch aufbereitet und gepökelt und schließlich über Zwischenhändler exportiert.

In den Achtzigerjahren des 19. Jahrhunderts entdeckte ein Fischer reiche Schwammbänke vor Lampedusa. Die Nachricht verbreitete sich schnell, und es setzte ein regelrechter »Schwammrausch« ein. Dabei hatten jene einen Startvorteil, die schon mit der Fischerei begonnen hatten – nicht nur weil sie mit dem Meer vertraut waren, sondern weil sie Geld hatten, das sie nun in größere Boote investieren konnten. Die Schwämme waren eine begehrte Ware, die Schwammfischerei war ein gutes Geschäft. Es gab Konkurrenz mit griechischen Schiffen, die ebenfalls herangeeilt waren, als die Schwammbänke vor Lampedusa entdeckt wurden. Die Insel wurde zeitweise zu einem Handelsplatz, der mit anderen Orten des Mittelmeers verbunden war.

Und trotzdem, die Armut weicht nie von der Insel. Hunger ist im Laufe des 19. Jahrhunderts eine permanente, reale Gefahr. Das bange Warten auf ein Schiff zieht sich bis heute durch den Alltag der Lampedusaner. Es ist die Hoffnung auf Rettung. Im besonders schlimmen Jahr 1862 hat der Rat von Lampedusa Männer zum höchsten Punkt der Insel geschickt, um Ausschau nach einem Segel zu halten, das Erlösung bringen sollte. »Die genannte Kommission (...) hört nichts anderes als den Ruf nach Brot, nicht oh Herr, für die Familienväter, die schon anfangen, sich von Kräutern zu ernähren, sondern für die unschuldigen Kinder derselben. Das ist die traurige Wahrheit und das schreckliche Bild, das die unglückliche Lage, oh Herr: Man verlangt nicht Freiheit noch Wohlstand oder persönliches Recht, sondern vielmehr einen Kanten dunklen Brotes.«

Doch das Leben ist nicht für alle gleich, es gibt in Lampedusa Familien, denen es gelingt, durch harte Arbeit und Risikobereitschaft, durch politische Verbindungen und Protektion relativ wohlhabend zu werden. Geschickt platzieren sie sich an den strategischen Positionen, welche die Insel zu bieten hat. Und welche wäre wichtiger als die Kontrolle über die Fährverbindung? Der Staat pachtet die Schiffe von Privaten, damit diese die nötige Verbindung zum Festland aufrechterhalten. Diesen Auftrag erhält der Sohn des Bürgermeisters, er kassiert das Geld der Fähre und setzt sie dann doch für eigene Privatgeschäfte ein. Er transportiert Schafe, Ziegen, Ochsen, Esel und alles, was ihm Geld einbringt, während die Passagiere inmitten des Viehs reisen müssen. Diese Geschichte berichtet der Postmann dem Präfekten von Agrigent, doch es ändert sich nichts. Zu einflussreich ist die Familie des Bürgermeisters.

Lokalgeschichte, möchte man meinen. Doch die Besiedlung Lampedusas zeigt: Gleichzeitig mit den Institutionen des Staates bildeten sich auch informelle Machtstrukturen heraus, die ebendiese Institutionen unterliefen oder parallel dazu existierten. Mit dem Gesetz kam auch der Gesetzesbruch nach Lampedusa, mit der Vorschrift auch der Verstoß gegen die Vorschrift.

Das musste auch Fregattenkapitän Bernardo Sanvicente erleben, der erste Kommandant der Insel. Im Jahr 1854 wurde er seines Postens enthoben. Ihm wurden Vorteilsnahme, Inkompetenz und Korruption vorgeworfen. Ein anschwellender Chor erhob sich, orchestriert von Familien, die den Staatsdiener Sanvicente und seine Auffassung von Gesetzestreue und Pflicht als hinderlich empfanden. Der Kommandant wurde nach allen Regeln der Kunst von der Insel wegintrigiert. Er war gewissen Geschäften im Weg. In ihrem Buch über die Besiedlung Lampedusas hat die Ethnologin Heidrun

Friese zahlreiche Dokumente zutage gefördert, die zeigen, wie die Bewohner vom ersten Moment an mit harten Bandagen um die knappen Ressourcen der Insel kämpfen, wie sie jede Chance nutzen, um den Stand der eigenen Familie zu verbessern, und wie sie den Staat umgehen, wann immer es ihnen nötig erscheint. Es ist ein Kampf aller gegen alle. Dabei fällt immer wieder einmal das Wort *camorrista* – was so viel wie Mafioso bedeutet. Friese beschreibt diesen Kampf mit folgenden Worten: »Sich im fragilen Machtgefüge behaupten: Das Bild beschreibt die verwirrenden stets wechselnden Konstellationen, in denen jeder gegen jeden zu intrigieren scheint und wohlwollende Freundschaft schnell in erbitterte Feindschaft umschlagen kann. Dieses Bild kennt man aus der Politik der Gegenwart!« Der Machtkampf ist permanent und allgegenwärtig: »Nichts was hier geschieht, ist ganz ohne Belang, jede Bewegung wird beobachtet, ihr Sinn dechiffriert (...) Nichts ist hier ohne Geschichte, nichts ist gänzlich privat, nichts ist den politischen Taktiken entzogen.« Jeder scheint sich selbst am nächsten zu sein, jeder sucht auf der Insel zielstrebig und hartnäckig voranzukommen, ohne Rücksicht auf andere, ohne Rücksicht auf die Insel.

Diese anarchischen Zustände haben sich in den Körper der Insel sichtbar eingeschrieben. Lampedusa ist übersät mit Ferienhäusern für Touristen, die in den Sommermonaten zu Zehntausenden kommen. Die Insel ist mit Häusern überwuchert. Offiziell hat Lampedusa 2000 Betten für Touristen, aber in Wahrheit kann die Insel bis zu 40000 beherbergen. Nach Angaben des sizilianischen »Komitees zur urbanistischen Planung« würde die vorhandene Kubatur in Lampedusa für bis zu 70000 Menschen reichen. Die allermeisten Häuser sind ohne Genehmigung gebaut worden. Sie sind illegal. Der Gemeinderat hat seit den 1970er-Jahren keinen Bebauungsplan mehr verabschiedet. Ein solcher ist zwar immer wieder diskutiert worden, man hat ihn sogar ausgearbeitet, doch er blieb in den Schubladen liegen. Viel zu viele haben kein Interesse daran, viel zu viele wollen tun und lassen, was sie wollen, denn sie glauben, das sei der beste Weg voranzukommen. Das war zu Zeiten des Fregattenkapitäns Bernardo Sanvicente so, und das hat sich nicht geändert. Auf Lampedusa herrscht Gesetzlosigkeit.

Das Absurde daran ist, dass alle glauben sollen, in Lampedusa werde penibel auf Recht und Ordnung geachtet. Lampedusa ist Teil einer Grenze, die seit vielen Jahren im Rampenlicht der Öffentlichkeit steht. Wenn der Staat hier das Gesetz nicht durchsetzen kann, verliert er an Glaubwürdigkeit, nach außen hin wie auch nach innen. Darum hat er, seit die Flüchtlinge auf die Insel kommen, seine Präsenz verstärkt. Carabinieri, Armeesoldaten, Küstenwache – sie alle sollen darauf achten, dass die Gesetze eingehalten werden; gemeint sind die Flüchtlingsgesetze. Es wird damit suggeriert, dass da draußen – wo die Flüchtlinge herkommen – die Gesetzlosigkeit herrsche, während in Lampedusa der Rechtsstaat walte. Darin steckt auch eine Portion des europäischen Selbstverständnisses und des Überlegenheitsgefühls gegenüber den Ländern, aus denen die Flüchtlinge kommen. Es gibt wahrscheinlich gute medizinische Gründe, warum die Uniformierten im Hafen von Lampedusa die erschöpften, ausgelaugten Flüchtlinge unter Einsatz von Mundschutz und weißen Gummihandschuhen in Empfang nehmen. Doch auf der symbolischen Ebene steht hier die Sauberkeit gegen den Schmutz, das Gesetz gegen die Gesetzlosigkeit. Dass dabei auf der Insel selbst anarchische Zustände herrschen, dass das Gesetz tausendfach gebrochen wird, ja dass man sich um das Gesetz wenig schert – das bleibt in der Regel verborgen. Das darf nicht auftauchen, das störte das Bild von den armen, verzweifelten Flüchtlingen, die nun in den Genuss der zwar strengen, aber immerhin gerechten Behandlung des Gesetzes eines aufgeklärten Rechtsstaates kommen werden.

12. MÜLL

Ich löse mich von der Betrachtung des Tankschiffes, das im Hafen immer noch brummend das Trinkwasser in die Zisternen der Insel pumpt, und mache mich auf, um die Bürgermeisterin Giusi Nicolini zu treffen. Wie alle anderen Gesprächspartner war sie schnell bereit, mich zu empfangen. Nicolini müsste mir doch erzählen können, warum es bis heute nicht gelungen ist, einen Bebauungsplan für Lampedusa zu verabschieden. Wer, wenn nicht sie? Auf dem Weg zu ihrem Amtssitz komme ich an einer Stelle vorbei, die auf bizarre Weise verdeutlicht, wie der auf Recht und Gesetz pochende Staat arbeitet. Neben der Uferstraße, unmittelbar an einen staubigen Fußballplatz anschließend, liegen Dutzende Boote und verrotten. Aus Neugier will ich auf das Grundstück gehen, aber ein Soldat steigt aus seinem Geländewagen, der an einer Ecke geparkt ist. Ich hatte ihn gar nicht bemerkt. Er ruft mir zu: »Sie dürfen das Areal nicht betreten!«

Ich trete instinktiv einen Schritt zurück und blicke mich um. Vielleicht habe ich eine Absperrung übersehen? Aber da ist nichts. Nur eine niedrige Mauer, die den Bootsfriedhof von der Straße trennt.

»Aber es ist doch nicht eingezäunt?«, rufe ich dem Soldaten zu.

»Das ist Sperrgebiet«, antwortet der Soldat und bleibt stehen. Er kommt nicht näher zu mir heran. Und ich gehe auch nicht auf ihn zu. Wir mustern uns. Er ist ein junger Mann von vielleicht 20 Jahren und sieht sehr gelangweilt aus.

»Sie dürfen hier nicht rein!«, sagt er wieder, diesmal in einem entschiedenen Ton.

Ich füge mich, frage ihn aber ohne viel Hoffnung: »Fotografieren darf ich?«

Zu meiner Überraschung antwortet er: »Nur zu. Das ist kein Problem!« Dann dreht er sich um und steigt wieder in den Wagen, zu seinem Kameraden, der hinter dem Lenkrad sitzt. Ich stelle mich auf die Mauer und beginne, die geschundenen Bootskadaver zu fotografieren. Viele sind blau-weiß gestrichen, sie haben auf ihren Planken arabische Inschriften, die ich nicht entziffern kann. Auf diesem trostlosen Platz wirken sie besonders elegant, wie die Schriftzeichen eines Künstlers, der eine Botschaft der Lebensfreude niederschreiben wollte. Auf der Frontseite der Brücke eines Kutters ist mit weißer Farbe auf blauem Grund ein Fisch gemalt, der seinen Körper zu einem Bogen schwingt und gleichzeitig mit dicken Lippen zu lächeln scheint. Der Bootsmaler, der möglicherweise ein Tunesier oder Libyer war, muss fröhlich gestimmt gewesen sein, als er das malte. Vielleicht hat der Anblick dieses lächelnden Fisches die Flüchtlinge auf der Überfahrt etwas trösten können, vielleicht ist er ihnen auch wie ein höhnischer Kommentar zu ihrem eigenen Schicksal erschienen, denn sie mussten ja tatsächlich damit rechnen, bei den Fischen zu landen. Wund und zerschlagen liegen die Boote da, als seien sie von einer Flutwelle an Land geworfen worden. Ein Trümmerhaufen, viel mehr ist von ihnen nicht geblieben.

Dabei haben mir die Fischer Lampedusas bei mehreren Gelegenheiten versichert, dass die meisten Boote in einem guten, jedenfalls brauchbaren Zustand waren, als sie hier ankamen, was schwer zu glauben ist. Denn wir als Medienkonsumenten sehen ja meist nur Bilder von im hohen Wellengang schaukelnden, vom Untergang bedrohten Nussschalen oder von Gefährten, die steuerlos im spiegelglatten, vor Hitze flimmernden Wasser liegen und knapp vor dem Kentern von der Küstenwache geborgen werden. Doch nein, die Fischer behaupten, dass die Boote zu gebrauchen seien und dass sie selbst für diese Boote Verwendung hätten. Das eine oder andere würden sie sogar gerne kaufen, um damit zur See zu fahren oder um es weiterzuveräußern. Doch das dürfen sie nicht. Denn sobald die Boote in Lampedusa ankommen, werden sie von den Behörden beschlagnahmt. Das Gesetz sieht es so vor. Dann werden sie an Land gezogen, wo man ihnen noch ein paar Löcher in die Planken schlägt, damit sie unbrauchbar werden. Das Gesetz sieht auch das vor. Dann sind es keine Schiffe mehr, sondern Müll, der ordnungsgemäß vernichtet werden muss. Das bedeutet, dass eine öffentliche Ausschreibung gemacht werden muss, woraufhin sich mehrere Unternehmen um den Auftrag bewerben. Nach mehreren Monaten wird bekannt gegeben, wer den Wettbewerb gewonnen hat. Während dieser ganzen Zeit wird der Bootsfriedhof rund um die Uhr von zwei Soldaten bewacht. Bei drei Schichten sind es sechs Soldaten täglich. Die Sieger des Wettbewerbes schicken ein Schiff, das mit einer riesigen Häckselmaschine ausgestattet ist. Es braucht mindestens neun Stunden für die Überfahrt von Sizilien nach Lampedusa. Kaum ist es hier angekommen, beginnt die Häckselmaschine die Bootskadaver zu zerkleinern. Dann fährt das Schiff zurück nach Sizilien, beladen mit dem Bootsmüll. Von Sizilien wird der Müll nach Deutschland gebracht, weil die Boote aus den nordafrikanischen Ländern angeblich mit giftigen Lacken bestrichen sind. Das macht ihre Reste zu Sondermüll. Italien aber hat keine Verbrennungsöfen, die solchen Müll ordnungsgemäß vernichten könnten. Und so landen die Boote in Deutschland, während die Menschen, die mit ihnen übers Meer kamen, häufig längst schon wieder abgeschoben sind. Das alles ist so, weil es das Gesetz so vorsieht. Das ist mir von mehreren Seiten so erzählt worden. Es ist eine unglaubliche Geschichte über die Absurdität staatlichen Handelns. Ich glaubte sie sofort.

Jetzt aber, da ich auf der niedrigen Mauer stehe und über den Bootsfriedhof blicke, auf den dahinterliegenden Hang, an dem eine Reihe von Häusern gebaut ist, kommt mir der Gedanke, dass dies alles vielleicht nur böswillige Übertreibungen sind, die das Ziel haben, den Staat zu diskreditieren. Ich denke daran, wie sich Kapitän Bernardo Sanvicente in den letzten Jahren seiner Amtszeit einer Kakophonie von Vorwürfen erwehren musste. Denunziantentum hatte sich auf der Insel breitgemacht. Es herrschte ein Klima der Angst. Sanvicente beschrieb es in seiner Verteidigungsrede gegenüber den vorgesetzten Beamten in Sizilien mit folgenden Worten: »Die Insel wird heute von traurigen Individuen beiderlei Geschlechts bewohnt, die von mir ausgewiesen wurden, kraft bürgerlicher und militärischer Vorschriften, an denen ich streng festhielt und in vollem Sinne des Wortes Ordnung gehalten wurde, und heute haben sich diejenigen, die sie anführen, zusammengeschlossen und mit ihren Reden die Köpfe der Gutwilligen verdorben. Es ist bekannt, dass diejenigen, die zu meinem Vorteil sprechen, bedroht werden (...) Die Kolonie ist zu Boden gedrückt und will nicht aussprechen, was sie fühlt.«

Bevor Sanvicente abgelöst wird, versucht man seinen Ruf zu zerstören. Das ist eine bewährte Arbeitsweise mafioser Organisationen. Sie attackieren die Reputation ihres Opfers so lange, bis die Menschen um es herum auf Distanz gehen. Dann ist der Angegriffene schutzlos, dann ist er zum Abschuss frei. Selbst wenn die Fakten für ihn sprechen, selbst wenn er sich damit zur Wehr setzt, wie es Kapitän Sanvicente offensichtlich getan hat. Es hilft wenig. Die Menschen glauben, was sie glauben wollen. Das sind meist Geschichten, die ihren Gefühlen entgegenkommen und ihren Interessen nützen. Darum ist es in diesem Zusammenhang auch gar nicht wichtig, ob die Geschichte mit der Vernichtung des Bootsfriedhofs stimmt oder nicht. Sie wird offenbar geglaubt und entwickelt dadurch eine eigene Dynamik. Sie wird zur mächtigen Erzählung vom bürokratischen, parasitären Staat, der allen, die durch ehrliche Arbeit ihr Geld verdienen wollen, das Leben schwer macht. Das kleine, ehrliche Lampedusa gegen den gefräßigen, übermächtigen Staat; die verlassene, ausgebeutete Insel gegen eine gleichgültige Regierung. Das ist die Geschichte, die man gerne glaubt.

Der Amtssitz der Bürgermeisterin ist nur wenige hundert Meter vom Bootsfriedhof entfernt. Er befindet sich in einem lang gestreckten einstöckigen Gebäude. Es ist ein Ausweichquartier, weil das Rathaus im Zentrum der Stadt renoviert wird. Giusi Nicolini ist zum Zeitpunkt unseres Treffens erst seit einigen Monaten im Amt. Ihr Büro ist groß und üppig ausgestattet. Es sieht aus wie eine Mischung aus Intellektuellensalon, Kapitänswohnung und Präsidentenzimmer. Auf jeden Fall wirkt es nicht wie das Büro der Bürgermeisterin einer kleinen Gemeinde, wie Lampedusa eine ist.

»Sie haben ein schönes Büro!«, sage ich zu Beginn des Gesprächs in freundlichem Ton.

»Das sind alles nicht meine Sachen. Das ist vom Vorgänger. Die Möbel kommen alle weg!«, sagt Nicolini rasch. Meine Bemerkung hat sie offensichtlich peinlich berührt. Der schwere dunkle Schreibtisch, das große Ölgemälde, das ein Schiff in stürmischer See zeigt, der Kandelaber – das alles ist eine Hinterlassenschaft des ehemaligen Bürgermeisters Bernardino de Rubeis. Dieser ist ein zwei Meter großer Riese, der viel von sich hielt und von seiner eigenen Bedeutung überzeugt war. Zu Neujahr hielt er Fernsehansprachen, als sei er der Staatspräsident des Landes. Dabei trug er die grün-weiß-rote Schärpe des Bürgermeisters um den Oberkörper und sagte immer wieder: »Mein Volk!« In diesen Ansprachen malte er mit grellen Farben das Bild einer Insel aus, die man allein gelassen habe mit den zahllosen Flüchtlingen, die übers Meer kommen, einer Insel, die immer alles gebe, weil sie ein großes Herz habe. Als im Januar 2009 ganz Lampedusa auf die Straße ging, um gegen die Unterbringung Tausender Flüchtlinge zu protestieren, da schrie de Rubeis lauthals in die Mikrofone der herbeigeeilten Fernsehsender: »Lampedusa hat immer gegeben! Jetzt ist Schluss! Wir nehmen keinen einzigen Migranten mehr auf!« Und dann setzte er noch eins drauf und sagte: »Lampedusa wird wie Guantánamo!« Manche nannten ihn »Bürgermeister Courage«, weil er all das sagte. Endlich mal jemand, der sich traute. Hinter all seinem Geschrei, hinter seinem staatsmännischen, wichtigtuerischen Auftreten verbarg sich aber eine hässliche Geschichte. Die Staatsanwaltschaft ermittelte bald gegen de Rubeis – wegen Korruption und Erpressung. Er wurde schließlich zu fünf Jahren und drei Monaten Haft verurteilt, und mit ihm zwei Beamte der Gemeinde Lampedusa. Es kam zu Neuwahlen. Giusi Nicolini trat an.

»Ich hatte das nicht geplant. Aber nach dem Rücktritt des Bürgermeisters sagten viele Leute: ›Komm, Giusi, mach du es!‹ Ich habe mich überreden lassen. Und nun bin ich hier.«

Sie wirkt in der Tat immer noch überrascht darüber. Vielleicht wird ihr erst langsam klar, welche Aufgaben sie da geschultert hat. Sie muss davon ausgehen, dass der verurteilte Bernardino de Rubeis in der Verwaltung, der sie jetzt vorsteht, immer noch Anhänger hat. Auch in der Bevölkerung dürfte er selbst als rechtskräftig Verurteilter noch Sympathien genießen, immerhin setzte er sich gerne als Stimme des Volkes in Szene. In den Gängen des Rathauses, auf den Plätzen und Straßen wird jeder Schritt und jedes Wort der neuen Bürgermeisterin aufmerksam wahrgenommen, interpretiert und eingeordnet. Kann sie mir gefährlich werden oder wird sie mir nutzen? Muss ich sie fürchten oder nicht? Das sind Fragen, die in Lampedusa greifbar sind, seit Nicolini als Folge einer Korruptionsaffäre ins Amt gekommen ist. De Rubeis stürzte über ein eklatantes Verbrechen, doch der Regelverstoß, der Gesetzesbruch ist gelebter Alltag auf der Insel. Nicolini aber pocht auf die Einhaltung der Regeln. Das sorgt gewiss für Irritationen und mitunter erbitterte Feindschaft.

Nicolini weiß das alles. Sie kennt ihre Heimat. Die Politik ist ihr nicht fremd. Sie hat sich auf der Insel jahrelang als Umweltschützerin bei der Organisation *Legambiente* engagiert. Sie bewies mehrmals, dass sie eine große Kämpferin ist. Ihr und ihren Mitstreitern gelang es, den weißen Sandstrand und die ihm vorgelagerte Kanincheninsel in ein Naturschutzgebiet umzuwandeln. Das war nicht einfach, denn ein großes Tourismusunternehmen wollte dort ein exklusives Resort bauen. In Lampedusa gab es eine starke Lobby dafür. Doch Nicolini ließ sich nicht beirren und gewann diesen Kampf. Der Strand ist heute nur zu Fuß erreichbar. Die Felseninsel gehört allein den Tieren.

Nun also sitzt Nicolini hier in dem Büro ihres Vorgängers und fremdelt noch mit ihrem Amt. Ich möchte von ihr zunächst eine Erklärung für das, was mir völlig unerklärlich scheint.

»Die Insel wird zugebaut. Das kann man mit freiem Auge sehen. Das müssten doch auch die Einheimischen erkennen. Die Fläche ist sehr begrenzt. Wer so viel baut, der sägt doch am Ast, auf dem er sitzt? Es ist unbegreiflich.«

Nicolini sitzt am Schreibtisch, das winterliche Sonnenlicht fällt seitwärts zum Fenster herein und wirft einen Schatten auf ihr Gesicht. Sie nimmt sich etwas Zeit, bevor sie mir antwortet. Hinter ihr hängt an der Wand das große Ölbild mit dem Segelschiff auf stürmischer See. Schließlich antwortet sie mit ihrer von den vielen Zigaretten aufgerauten Stimme: »Es kann sein, dass Teile der Bevölkerung wirklich nicht verstehen, was sie anrichten. Andere hingegen verstehen es sehr gut, aber sie spekulieren. Es gibt junge Hoteliers, die ihre Eltern beerbt haben. Sie haben außerhalb Lampedusas Hotels erworben. Sie haben Wohnungen in Mailand, Rom oder Palermo gekauft. Die Elite der Insel hat nicht in die Insel investiert. Das ist die Wahrheit. Die anderen, die nicht verstehen, was sie anrichten, die vermieten ihre Häuser an Touristen, während sie selbst zur Miete wohnen. Das Geld, das sie in einem Sommer verdienen, investieren sie nicht in die Ausbildung der Kinder, sondern sie bauen noch ein Haus, dann noch eines und noch eines. Ich kenne Leute, die haben schon drei, vier Häuser. Und so geht es weiter!«

»Und wie kann man das ändern?«

»Man müsste damit anfangen, die Regeln, die schon da sind, umzusetzen. Und man müsste den Leuten klarmachen, dass dies ein Selbstmord auf Raten ist.« Sie macht eine kurze Pause, dann fährt sie fort und sagt: »Im Zentrum der Stadt verfallen manche Gebäude. Einige haben noch Schäden von den Bombardierungen des Zweiten Weltkrieges. Da gibt es viel zu tun. Das ließe sich alles renovieren, da kann man Platz für Wohnungen schaffen!«

Ich frage sie erst gar nicht, ob sie glaubt, dass sie ihre Leute davon überzeugen kann. Sie muss es ja glauben. Sonst könnte sie ihren Sessel gleich räumen. Während ich ihr zuhöre, halte ich es für möglich, dass ein Teil der Bewohner ihre Insel schon längst aufgegeben hat und sich auf eine Zukunft anderswo einrichtet. Das ist ein blasphemischer Gedanke, denn alle Lampedusaner betonen immer wieder ihre Liebe zur Heimat. Sie reden gerne von der unvergleichlichen Schönheit der Insel, die sie niemals verlassen könnten. Wenn mein Gedanke aber zutrifft, dann wäre diese ganze Rede von der Heimatverbundenheit der Lampedusaner nichts weiter als eine Nebelkerze, welche die Ausbeutung der Insel durch die Einheimischen selbst verbergen soll. Warum sollten sie sich auch anders verhalten als der Rest der Welt? Nur weil sie hier geboren sind? Inseln werden ausgebeutet und benützt. Sie müssen sich meist fügen, weil sie zu klein sind, zu schwach, zu isoliert. Selbst können sie keine Rolle spielen. Sie müssen die Rollen übernehmen, die ihnen zugewiesen werden. So wie Malta zu einer Festung christlicher Piraten wurde, so wie die Kanarischen Inseln zu Inseln des Zuckerrohrs wurden, Djerba die Insel des Olivenöls und Zypern die des Weins, so hat auch Lampedusa Anfang der Neunzigerjahre des 20. Jahrhunderts eine Rolle zugewiesen bekommen. Vorgeschobener Grenzwachtposten der Festung Europa. Bis dahin war Lampedusa vieles gewesen: Bühne großer Dramen, Projektionsfläche für Utopien, Fluchtpunkt bedrohter Seefahrer, Heimstatt gottsuchender Eremiten, Wallfahrtsort für christliche und muslimische Pilger, Modernisierungsprojekt einer absolutistischen Monarchie, Gegenstand geostrategischer Überlegungen,

Bauerninsel, Fischerinsel, Schwammfischerinsel, Touristeninsel. Sie war alles das, doch nichts Eindeutiges. Das ist vorbei. Sie ist nun ein Wachtturm in der europäischen Festungsmauer.

Giusi Nicolini gefällt das freilich gar nicht. Sie hat ein ganz anderes Bild von ihrer Insel. »Wir sind so etwas wie eine Boje im Meer. Wenn Menschen zu uns kommen, dann sollen sie sich hier versorgen und ausruhen können, bevor sie weiterziehen. Aber Grenze, nein, das sind wir nicht. Das können wir nicht sein. Das waren wir nie.«

Nicolini ist jetzt bei dem Thema angekommen, das sie sichtlich umtreibt.

»Wissen Sie, die Medien berichten über die Migration wie über eine Katastrophe. Dabei ist sie etwas völlig Normales. Menschen wandern aus, wenn die Bedingungen bei ihnen zu Hause schlecht sind. Das ist doch der Normalzustand. Darum sollten die Medien über Migration nicht wie über sensationelle Ausnahmen sprechen, sondern wie über etwas Gewöhnliches, das zum Menschen gehört wie die Luft zum Atmen!«

»Ja, aber wenn in Lampedusa viele Migranten landen …«

»Moment!«, unterbricht sie mich freundlich, aber entschieden. »Die Migranten landen hier nicht. Es ist ja keine Invasionsarmee. Sie werden draußen auf dem Meer von der Küstenwache meist in höchster Not gerettet. Dann werden sie nach Lampedusa gebracht. Es sind geordnete Rettungsaktionen, keine Landungen!«

Wie recht sie hat, denke ich, und wie wenig doch diese Wahrheit in das Bewusstsein der Öffentlichkeit dringt. Das Bild einer drohenden Invasion hat sich anscheinend durchgesetzt. Da haben die einfachen, grundlegenden Wahrheiten, wie sie Nicolini ausspricht, kaum Platz. Die Schiffsunglücke vor Lampedusa haben diese kämpferische Frau immer wieder in die Schlagzeilen der Weltpresse gebracht. Sie hat bei ihren Auftritten für ihre Überzeugungen geworben, sie hat mit großer Empathie über die Bootsflüchtlinge gesprochen, sie hat sie im Aufnahmelager besucht, getröstet und ermuntert, sie hat versucht, ein anderes Bild von Lampedusa zu vermitteln. Ob sie damit Erfolg hatte?

»Ich bin Bürgermeisterin«, sagt sie, »keine Regierungschefin. Meine Mittel sind begrenzt!« Dann lacht sie ein von vielen Zigaretten gefärbtes Lachen.

Später, im Hotel, lese ich noch einmal den offenen Brief, den Nicolini wenige Monate nach Amtsantritt verfasst hat. Es ist ein beeindruckendes Dokument der Mitmenschlichkeit und des Zorns:

»Ich bin die neue Bürgermeisterin der Inseln Lampedusa und Linosa,

im Mai bin ich gewählt worden, am 21. November sind mir bereits 21 Leichen übergeben worden. Diese Menschen sind ertrunken, als sie versuchten, Lampedusa zu erreichen. Das ist für mich unerträglich. Für Lampedusa ist es eine immense Bürde und ein Schmerz. Wir mussten andere Gemeinden um Hilfe bitten, damit 11 Tote ein würdiges Begräbnis bekommen können. Wir hatten für diese armen Seelen keinen Platz mehr auf unserem Friedhof. Wir werden mehr Platz schaffen, aber ich frage Sie alle: Wie groß soll der Friedhof meiner Insel werden?

Ich kann nicht begreifen, wie eine solche Tragödie als normal hingenommen wird. Wie kann man aus unserem Alltag die Wahrheit verdrängen, dass zum Beispiel 11 Menschen, darunter Mädchen und Jungen, am vergangenen Samstag starben, während sie auf einer Reise waren, die für sie den Beginn eines neuen Lebens bringen sollte? 76 sind gerettet worden, aber es waren 115 Menschen an Bord dieses Bootes. Die Zahl der Toten ist immer viel größer als die Zahl der Leichen, die das Meer uns zurückgibt.

Ich bin empört über die Gewöhnung an diese Tragödie, die alle erfasst zu haben scheint. Ich bin empört über das Schweigen Europas, das soeben den Friedensnobelpreis erhalten hat und das angesichts dieses Massakers, das an einen Krieg erinnert, nichts sagt.

Ich bin immer mehr davon überzeugt, dass die europäische Immigrationspolitik diese Toten als notwendigen Preis betrachtet, um die Flüchtlingsströme auszutrocknen, vielleicht sieht sie die Toten auch als Mittel zur Abschreckung. Aber wenn für diese Menschen die Reise auf den Booten die einzige Möglichkeit der Hoffnung war, dann, glaube ich, dann muss Europa sich schämen und sich entehrt fühlen.

In diesen sehr traurigen Seiten der Geschichte, die wir schreiben, geben uns nur die Männer und Frauen des italienischen Staates, die täglich ihre Arbeit verrichten, Anlass zum Stolz. Sie retten noch in 140 Meilen Entfernung von Lampedusa Menschen, während andere wegschauen. So ist es am vergangenen Samstag geschehen. Die Patrouillenboote der libyschen Küstenwache waren dreißig Meilen von einem Flüchtlingsboot entfernt, das in Seenot geraten war. Doch sie haben nicht geholfen. Sie sind mit diesen schnellen Booten davongebraust, die eine italienische Regierung Gaddafi geschenkt hat. Dieselben Patrouillenboote werden aber sehr effizient dazu eingesetzt, unsere Fischerboote zu beschlagnahmen. Auch wenn sie außerhalb der libyschen Gewässer fischen.

Alle sollen wissen, dass Lampedusa, seine Einwohner und alle Menschen, die für die Rettung und Aufnahme zuständig sind, die Würde der Flüchtlinge bewahren. Sie sind es, die unserem Land und Europa die Würde geben. Also, wenn diese Toten nur unsere Toten sind, dann will ich für jeden Ertrunkenen, der mir übergeben wird, ein Beileidstelegramm erhalten. Ganz so, als hätte er eine weiße Haut, ganz so, als wäre er eines unserer eigenen Kinder, das während eines Urlaubs ertrunken ist!«

13. Krieg

Die Bürgermeisterin Giusi Nicolini hatte bei unserem Gespräch den Krieg erwähnt, die Bombardements, die Beschädigungen, die noch heute in Lampedusa sichtbar seien. Auf meinem Spaziergang durch die Stadt kann ich ältere Gebäude erkennen, die offensichtlich leer stehen. Die Jalousien sind geschlossen, an den Wänden bröckelt der Putz, an manchen Stellen sind die Wände mit Löchern übersät. Ob dies noch Spuren des Krieges sind oder einfach nur Folgen der Vernachlässigung und des Alters, kann ich nicht beurteilen. Am Rathaus prangen gut sichtbar die Gedenktafeln für die Gefallenen der Kriege.

»LAMPEDUSA SEINEN GEFALLENEN SÖHNEN
1915–1918
(es folgen 16 Namen, Geburts- und Todesdaten)
1940–1945
(es folgen 27 Namen, Geburts- und Todesdaten)
GEFALLEN IM DIENST FÜR DAS VATERLAND«

Benito Mussolini trat am 10. Juni 1940 an der Seite Hitlers in den Krieg ein. Italien verstand sich als Seemacht, und das Mittelmeer nannten die Faschisten *Mare Nostrum*, so wie es die alten Römer getan hatten. Das Mittelmeer wurde zur Kampfzone. Libyen war italienische Kolonie, das angrenzende Ägypten war in britischer Hand. Zwischen den beiden entbrannte der Krieg um die Vorherrschaft in Nordafrika. Italien war aufgrund seiner geografischen Lage im Vorteil. Den Engländern standen nur Gibraltar und Malta als Stützpunkte zur Verfügung, um ihre Truppen in Ägypten zu versorgen. Die Italiener hingegen konnten ihre Armee in Libyen einfacher, schneller und sicherer versorgen. Der Seeweg nach Nordafrika war kurz und beschützt von Inseln wie Lampedusa, Linosa oder Pantelleria. Die Achsenmächte stationierten dort Tausende Soldaten, Flugzeuge und Artillerie. Nur Malta blieb während der Kriegsjahre im Besitz der Engländer. Die Achsenmächte versuchten mehrmals, Malta einzunehmen, doch es gelang ihnen nicht. Trotzdem konnten die Italiener mit ihrer Flotte die Nachschublinien der Briten relativ leicht bedrohen. Die britischen Versorgungsschiffe mussten zeitweise den weiten Weg über das Kap der Guten Hoffnung nehmen, um über den Suezkanal ihr Ziel Ägypten sicher erreichen zu können. Es war fast so, als wären die Briten in Ägypten belagert.

In der Nacht vom 11. auf den 12. November 1940 unternahmen die Briten einen spektakulären Befreiungsschlag. Sie griffen den italienischen Militärstützpunkt Taranto an. Dort lagen die riesigen schwimmenden Stahlkolosse, die Italiens Besitzanspruch auf das *Mare Nostrum* untermauern sollten. Es war eine gewagte Operation. In einer ersten Angriffswelle flog ein Geschwader von Swordfish-Kampfflugzeugen heran und warf Torpedos ab. Der Swordfish war ein Doppeldecker, der bei den englischen Piloten des Zweiten Weltkrieges beliebt war, weil er sich leicht fliegen ließ und nicht störungsanfällig war. Das Flugzeug hatte einen Torpedo an seine Unterseite gehängt, und damit konnte es auch noch so großen feindlichen Schiffen schwersten Schaden zufügen. Ein Swordfish-Geschwader würde 1941 das deutsche Kriegsschiff Bismarck, das größte seiner Zeit und der Stolz der deutschen Marine, fahrunfähig schießen und fast versenken. So schlagkräftig konnten diese Doppeldecker sein. Doch sie erforderten vom Piloten ein hohes Maß an Geschicklichkeit, denn der Torpedo durfte erst wenige Meter über dem Wasser ausgeklinkt werden. Dabei musste der Pilot das Flugzeug möglichst still halten, denn genau so wie der Torpedo in die Wogen fiel, so schoss er dann auch durch das Wasser – schlingernd, in einer Kurve oder geradeaus. Ob er sein Ziel fand, hing ganz von der ruhigen Hand des Piloten ab. Diese Männer durften auch im schwersten Abwehrfeuer des Gegners ihre Flugzeuge nicht zum Schwanken bringen, wenn sie Erfolg haben wollten.

In Taranto behielten die englischen Piloten offenbar die Ruhe, denn eine ganze Reihe italienischer Kriegsschiffe wurde schwer beschädigt. Der Angriff war nicht nur erfolgreich, er war der erste dieser Art überhaupt. Noch nie war in einer überfallartigen Aktion ein so großer Kriegsmarinehafen allein von luft- und seegestützten Kräften angegriffen worden. Die Attacke von Taranto machte Schule. Die japanischen Militärs hatten diese Aktion der Briten genauestens studiert. In der Nacht zum 7. Dezember 1941 griffen japanische Flugzeuge in ähnlicher Manier die amerikanische Flotte in Pearl Harbor, Hawaii, an. Ein großer Teil der US-Kriegsflotte wurde zerstört. Die USA traten nach Pearl Harbor in den Krieg ein. Der Doppeldecker Swordfish hatte also Geschichte geschrieben.

Am 12. Juni 1943 flog ein einsamer Swordfish auf Lampedusa zu. Im Cockpit saß ein gelernter Schneider aus London namens Syd Cohen. Er war 24 Jahre alt. Ein historisches Foto zeigt einen schmächtigen Mann, der Overall der Royal Air Force (RAF), den er trägt, wirkt formlos und viel zu groß. Das Haar ist zurückgekämmt, Cohen lacht in die Kamera. Er hatte gute Gründe, um gegen die Achsenmächte zu kämpfen. Cohen war ein Jude aus dem Londoner East End. Die Faschisten waren seine Todfeinde. Piloten eines Swordfish konnten dem Krieg wenn nicht eine entscheidende, so – mit etwas Glück – doch eine wichtige Wendung geben. Nach der Bismarck und nach Taranto war dies den Piloten bewusst, gewiss auch Syd Cohen. Er konnte aber nicht ahnen, welche Heldentat er am 12. Juni 1943 vollbringen würde.

Er wollte an diesem Tag mit seiner Crew zurück nach Malta fliegen, wo sie stationiert waren. Sein Einsatz war ohne größere Zwischenfälle zu Ende gegangen. Die Alliierten hatten die Oberhand in Nordafrika gewonnen. Sie hatten den Vormarsch der Deutschen und Italiener nach Ägypten gestoppt und sie bei El Alamein entscheidend geschlagen. Im Januar 1943 trafen sich die Alliierten zu einer geheimen Konferenz in Casablanca. Selbstbewusst legten sie ihr Kriegsziel fest: die bedingungslose Kapitulation Deutschlands, Italiens und Japans. Sie gingen Schritt für Schritt dazu über, die Kontrolle über das Meer zu gewinnen. Dann wollten sie möglichst bald auf dem italienischen Festland landen, um sich von Süden kommend bis nach Rom vorzukämpfen und die Stadt zu befreien. Auf diesem Weg von Nordafrika nach Sizilien lagen die Inseln Pantelleria und Lampedusa, bestückt mit Artillerie und bemannt mit Tausenden Soldaten. Es waren regelrechte Inselfestungen. Diese mussten zuerst eingenommen werden, um in Sizilien landen zu können. In den »Täglichen Eintragungen zum Luftkrieg über den Inseln Lampedusa, Pantelleria, Linosa (1940–43)« steht für die Tage vor dem Auftauchen von Syd Cohens Swordfish Folgendes zu lesen:

10. Juni, Donnerstag

»Heute ist der dritte Jahrestag des Kriegseintrittes Italiens. Pantelleria erhält als Geschenk dafür gut 1500 Tonnen Bomben. Damit ist die gesamte Bombenlast in den ersten zehn Tagen dieses Monats auf insgesamt 4394 Tonnen. Natürlich ist die Moral der 10 000 Einwohner und der Garnison im Keller. (...) Auch Lampedusa leidet unter der robusten Offensive der amerikanischen Bomber.

UNGLAUBLICH, ABER WAHR: Im Lauf des heutigen Tages bombardieren insgesamt über 100 Flugzeuge der Alliierten diese Insel. Diese Verbissenheit, mit der diese kleine und heldenhafte Insel angegriffen wird, ist unglaublich!«

11. Juni, Freitag

»In der Nacht hat Admiral Gino Pavesi – der Kommandant der Garnison von Pantelleria – beschlossen, Mussolini darüber zu informieren, dass er die Insel unweigerlich aufgeben müsse. Es gibt kein Trinkwasser mehr, die Munition ist aufgebraucht, die Kommunikationslinien zerstört, die Soldaten sind aufgrund der nicht enden wollenden Bombardements aus der Luft wie vom Meer seit Tagen ohne Schlaf und der totalen Erschöpfung nahe. Der Admiral bezeichnet die Lage als ›verzweifelt‹.

Um 9:50 erbittet Pavesi von Mussolini die Erlaubnis, sich ergeben zu dürfen, aber er bekommt keine Antwort.

Um 10:00 landen britische Truppen.

Um 10:10 stimmt Mussolini der Kapitulation zu. (...)

Die Insel hat den traurigen Rekord, zu einer der am heftigsten bombardierten Inseln des Zweiten Weltkrieges zu gehören.«

11./12. Juni, Freitag/Samstag

»Lampedusa wird aus der Luft und von See schwer bombardiert.«

12. Juni, Samstag

»Gegen 9 Uhr morgens werden über Lampedusa Flugblätter abgeworfen, in denen die Soldaten zur Kapitulation aufgefordert werden.«

Es ist ein wolkenloser, strahlender Tag. Syd Cohen steuert den Swordfish über das blaue, schimmernde Meer. Hinter ihm sitzen sein Navigator und der Maschinengewehrschütze. Dieser sitzt mit dem Gesicht zum Heck und hält Ausschau nach feindlichen Flugzeugen. Es ist unwahrscheinlich, dass sie angegriffen werden. Die Alliierten haben die Lufthoheit über dem südlichen Mittelmeer so gut wie hergestellt. Die Kampfflieger der Deutschen und Italiener steigen nur mehr selten auf. Sie haben sich nach Sizilien zurückgezogen, um alle Kräfte auf die erwartete Landung der Alliierten zu konzentrieren.

Trotzdem ist Syd Cohen höchst angespannt. Denn ein Blick auf die Tankanzeige verrät ihm, dass das Flugbenzin zur Neige geht. Er war vom Kurs abgekommen. Malta war nicht mehr weit weg, aber ihm wurde klar, dass er es nicht mehr erreichen konnte. Als unter ihm eine felsige Insel auftaucht, entschließt er sich zur Notlandung. Noch während er auf der Flugpiste ausrollt, sieht er Dutzende italienische Soldaten. Sie springen aus ihren Unterständen und gehen auf das Flugzeug zu. Cohen ist in Lampedusa gelandet, mitten im Feindesland. Er bringt den Swordfish zum Halten, öffnet den Gurt. Er und seine zwei Kameraden steigen mit erhobenen Händen aus. Besser gefangen, als ins Meer gestürzt, das muss er wohl gedacht haben. Doch als er auf die Piste tritt, stellt er mit Erstaunen fest, dass die italienischen Soldaten die Hände heben. Ein Offizier kommt auf Cohen zu und sagt: »Wir ergeben uns!«

Erste Stimme: Glückwunsch! Mazl-tov! Alle Juden sollen solch gute Nachrichten hören!

Das Ehepaar Herr Khatskl und Frau Sore: Was ist geschehen?

Khatskl: Schau, auf der Straße hat sich eine Menge versammelt.

Sore: Meinst du, der Krieg ist aus?

Khatskl: Was gibt es für gute Nachrichten, Freunde?

Erste Stimme: Euer Sohn ist zum König ausgerufen worden!

Khatskl: Oh, lass mich in Ruhe weiterarbeiten! Ihr seid alles Nichtsnutze!

Erste Stimme: Die Zeitungen haben Extraausgaben gedruckt, darin steht zu lesen: Dein Sohn ist zum König von Lampedusa ausgerufen worden!

Khatskl: Geh weg von meinem Fenster, oder ich rufe die Polizei! Ich meine es ernst.

Erste Stimme: Aber es ist wahr, Herr Kagan, Ihr Sohn ist König geworden ...

(...)

Dave: Mutter, hör was die Zeitungen sagen *(er liest vor):*
›Der Pilot Sam Kagan, der Sohn eines jüdischen Schneiders aus Whitechapel, ist von seinen RAF-Kollegen zum König von Lampedusa ausgerufen worden, weil die italienische Garnison sich ihm ergeben hat, ohne einen Schuss abzugeben. Sam Kagan musste auf der Insel notlanden, weil er kein Benzin mehr hatte, um weiterzufliegen. Aber anstatt dass er gefangen genommen wurde, konnte er die Italiener davon überzeugen, sich ihm zu ergeben. Sam Kagan verlangte vom italienischen Kommandanten eine schriftliche Bestätigung der Kapitulation. Er besorgte sich von den Italienern Benzin und flog mit dem historischen Dokument in der Hand, dass er die Insel Lampedusa erobert hat, in das Hauptquartier der Alliierten.‹ Nu, was sagt ihr dazu?

Ja, was sagte das Publikum über dieses Stück, das im Grand Palais Jewish Folk Theatre geboten wurde? Vielleicht hatten die Zuschauer schon von dieser unglaublichen Geschichte Syd Cohens gehört, vielleicht auch nicht. Wie auch immer es gewesen sein mag: Ein einzelner Jude hatte Tausende Faschisten überrumpelt!

Es ist der 31. Dezember 1943. Die Alliierten haben die Faschisten aus Nordafrika geworfen, die deutsche Wehrmacht war in der Sowjetunion auf dem Rückzug, England hatte sich durch den Bombenkrieg der deutschen Luftwaffe nicht zermürben lassen, und es waren nun die deutschen Städte, die Nacht für Nacht bombardiert wurden. Es machte sich die Gewissheit breit, dass die Alliierten den Krieg gewinnen würden. Doch noch rauchten die Todesfabriken der Nazis auf dem Kontinent, noch verschlang die faschistische Bestie täglich Zehntausende Menschen.

Dieser apokalyptische Hintergrund ließ die Geschichte des Piloten Syd Cohen noch heller strahlen. Der Theaterautor und

Schriftsteller S. J. Harendorf hatte das schnell begriffen. Als er von der »Eroberung« Lampedusas hörte, setzte er sich an den Schreibtisch – und in wenigen Monaten war sein Stück aufführungsreif.

> **Khatskl**: (...) Bitte, sag mir, Ishte Meier, wo ist dieses Land, Lumpy ... Lampy ...
> **Dave**: Lampedusa ...
> **Khatskl**: Eh? Oh, ja. Wo ist dieses Königreich?
> **Ishte Meier**: Setz dich und ich will die Karte ausbreiten, die ich immer bei mir trage. Ich werde es dir schwarz auf weiß zeigen. *(Er breitet die Karte aus, aber es wird schnell klar, dass er nicht weiß, worüber er redet.)* Hier, siehst du, nach dieser Karte liegt Lampedusa im Mittelmeer ...
> **Khatskl**: Und wo ist dieses Lampideranyem?

Harendorf behauptet nicht, dass das Stück hohe Kunst sei. In seinen Erinnerungen schreibt er: »Es brauchte kein großes Talent, um dieses Theaterstück zu schreiben. Die Geschichte selbst war so ergiebig für das Stück ›Lampedusa‹, dessen Inhalte und Dialoge so voller Leben waren.« Harendorf war in Polen geboren. Sehr früh wurde er zum Waisenkind und musste sich allein durchs Leben schlagen. Er schrieb Artikel, Erzählungen und Theaterstücke. Er lebte in Prag, als die Nazis die Stadt besetzten, und konnte noch rechtzeitig nach London fliehen. Ein Mann mit diesem Lebenslauf wusste, dass die Menschen nach Unterhaltung gierten, dass sie lachen wollten, auch in diesen düsteren, grausamen Zeiten.

> **Khatskl**: Sag mir, Ishte Meier, ist es ein großes Land, dieses Lesusosi?
> **Dave**: Lampedusa, Papa ...
> **Khatskl**: Sei still und korrigier mich nicht, ich weiß, was es ist ...

Ishte Meier: Hier, Dave, nimm dieses Buch; es steht alles hier drinnen. Hier wirst du alle Details zu dem Land finden.

Dave (öffnet das Buch): Die Insel von Lampedusa ist eineinhalb Meilen lang.

Khatskl: Was hast du gesagt? Eineinhalb Meilen lang, das ist unmöglich! Es muss größer sein ...

Dave: Oh, sicher. Das muss ein Druckfehler sein. Es sollte heißen: ›Eineinhalb Millionen Meilen lang!‹

Khatskl: Aber sicher ist das ein Druckfehler. Lies weiter, und lass nichts aus ...

Dave: Die Insel ist eine Meile breit ...

Khatskl: Komm, kannst du nicht wie ein normaler Mensch lesen? Du machst dich lächerlich, lies ordentlich!

Dave: Das ist nicht mein Fehler. Es ist voller Druckfehler. Ich bin sicher, es soll heißen: ›Eine Million Meilen breit!‹

Khatskl: Aber sicher muss es das heißen. Wenn mein Sohn ein Land erobert, dann wird er doch nicht so einen kleinen Flecken erobern. Nein, es muss ein riesiges Land sein.

Dave: Die Bevölkerung ist sehr freundlich zu Juden.

Khatskl: Aber sicher ist sie das! Glaubst du, mein Sohn würde ein Land voller Antisemiten erobern? Wie viele Juden leben dort?

Dave (sucht): Juden ... Juden ... lass mich schauen ... nicht ein einziger!

Ishte Meier: Deswegen sind die Menschen von Lampedusa so freundlich zu den Juden!

Die Zuschauer im Grand Palais Theatre lachten den Faschisten ins Gesicht. Nach seiner Premiere am 31. Dezember 1943 wird »Der König von Lampedusa« bis in den Juni 1944 zehn Mal die Woche aufgeführt. Danach ist es nicht mehr möglich, weil die Nazis Londons East End mit ihren V1- und V2-Raketen beschießen. Doch bis dahin ist jede Vorstellung ausverkauft. Im East End lebten sehr viele Juden aus Osteuropa, die im Laufe des 19. Jahrhunderts nach England gekommen waren. Es gab hier eine sehr lebendige jiddische Kulturszene. Ihr Wirken beschränkte sich im Wesentlichen auf das East End. »Der König von Lampedusa« aber war so populär, dass auch sehr viele Nicht-Juden ins Theater kamen. Es ist in der Geschichte des Londoner Jiddischen Theaters ein beispielloser Erfolg. Das Theater ging damit auch auf Tournee, nach Manchester, Liverpool, Glasgow und Edinburgh. »Der König von Lampedusa« wurde 1944 im Jiddischen Theater von Buenos Aires aufgeführt, im selben Jahr auch in Tel Aviv.

Die englische Presse berichtete ausführlich darüber, und es gab sogar hasserfüllte »Besprechungen« in deutschen Zeitungen. Der irisch-amerikanische Nazi William Joyce, den man ihn England Lord Haw-Haw nannte, drohte in einer seiner Radiosendungen damit, das Grand Palais Jewish Folk Theatre mit einer V2 anzugreifen. Dieses »Gesindel« des Theaters würde er mit einem Schlag auslöschen. Doch dazu kam es nicht, weder ließen sich die Zuschauer das Lachen verbieten, noch ihren Traum: ein eigenes Land für die Juden zu haben. Ein Land, wo sie sicher sein konnten! Die Verbrechen der Nazis hatten diesen Wunsch befeuert und ihm endgültig seinen existenziellen Charakter gegeben. Die Sehnsucht danach war so drängend wie die Sehnsucht zu überleben.

Adjutant: Hier sind die Nachrichten, die ich euch bringe
　　Unser großer König schickt mich
　　ich bin sein Adjutant, seine rechte Hand
　　Ich soll euch befehlen:
　　Macht euch bereit, nach Lampedusa zu fliegen!
　　Ein Land, in dem die Zitronen wachsen, Palmen, Zypressen.
　　Ein schöneres Land werdet ihr nie wieder sehen.
　　Umgeben vom Mittelmeer
　　ist es eine Fluchtburg für die verfolgten Juden.

(...)

Chor: Wir brechen auf in unser Land
dort werden wir glücklich sein
Kein Kampf mehr, und kein Schmerz
Aber Freud und Frieden für mich und dich.
Zu Fuß, und mit dem Zug
Mit dem Schiff, mit dem Flugzeug
lasst uns schnell dorthin reisen,
unser Glück wird von Dauer sein,
Wir werden nie wieder hierher zurückkehren.
Oh, was für ein Glück es ist, Jude zu sein!

Lily: Ich glaube, dass das jüdische Volk erlöst werden
wird. Und dich als ersten jüdischen König in unserem
eigenen jüdischen Staat zu sehen, stärkt meinen
Glauben.

Sam: Ein unabhängiger jüdischer Staat! ... Ich denke Tag
und Nacht darüber nach. Kann ein wahrer jüdischer
Staat irgendwo existieren außer in Eretz-Israel? Ist
Lampedusa Eretz-Israel? Sollten wir Juden unsere
Energien in ein Land investieren, das keine Verbin-
dung zur jüdischen Geschichte hat? Es ist klar, dass
kein Land auf der Welt je Eretz-Israel ersetzen kann.
Aber Lampedusa ist ein erster Schritt, um einen un-
abhängigen jüdischen Staat für unsere unglücklichen
Menschen im Exil zu gründen.

14. Versprechen

Lampedusa ist ein Versprechen. Das war es im Laufe seiner Geschichte, und das ist es heute. Es ist das Versprechen auf Rettung und Erlösung. Doch Lampedusa kann es nicht halten. Denn die Insel ist abhängig, klein und schwach. Sie ist überfordert.

Die Lampedusaner wissen, was es heißt, ausgesetzt zu sein, den Gewalten der Natur wie den Launen der Menschen. Die menschliche Existenz ist fragil. Das gehört seit Generationen zu ihrer grundlegenden Lebenserfahrung. Sie kennen den Schrecken des Meeres, sie kennen das Wüten des Windes, und sie kennen die Einsamkeit, die am Rande der Welt herrscht. Sie können sich also hineinversetzen in die Flüchtlinge, die seit vielen Jahren an ihre Ufer kommen.

Wie viele sind aufgebrochen? Wie viele waren auf dem Boot? Frauen, Kinder? Wie ist es gesunken? Gibt es noch Überlebende? Wo? Wie weit ist es? Das sind Fragen, die die Bewohner Lampedusas den Überlebenden eines Schiffsunglücks stellen, wenn sie sie aus dem Wasser fischen. Fragen, die auf das Wesentliche zielen: auf das Leben.

Wo es gesunken ist? Die Überlebenden versuchen, so präzise wie möglich zu sein. Draußen auf dem Meer, sagen sie, zwei Stunden nach der Abfahrt von der libyschen Küste, oder waren es drei Stunden von der tunesischen Küste, oder vier, oder fünf. Sie haben das Zeitgefühl schnell verloren da draußen unter der glühenden Sonne, eingekeilt zwischen all den Leibern der Schicksalsgenossen, in dieser grenzenlosen Einsamkeit, gegen die manche Flüchtlinge ankämpfen, indem sie sich gegenseitig Geschichten erzählen, sich zum Durchhalten auffordern und sich dabei all die Freuden ausmalen, die sie an ihrem Zielort erwarten, in Lampedusa. Viele wissen bereits, dass es nicht das Paradies ist, in dem sie landen werden, denn über die Jahre sind die Geschichten aus Europa zurückgewandert an die afrikanischen Küsten und haben sich dort ausgebreitet, von Stadt zu Stadt, von Dorf zu Dorf, immer weiter in den Süden, bis in den hintersten Winkel Afrikas. Es sind Geschichten über einen hartgesichtigen, misstrauischen Kontinent namens Europa. Es sind Geschichten über eine Insel namens Lampedusa, vor deren Ufern schon viele ertrunken sind. Und doch riskieren sie ihr Leben für diese Reise nach Europa.

Viele der Ertrunkenen tauchen nie wieder auf, einige wenige werden an die Küste gespült, andere verfangen sich in den Netzen der Fischer, manchmal findet die Küstenwache beim Aufbringen eines Flüchtlingsbootes Leichen, so wie es am 17. März des Jahres 2012 geschah. Folgende Geschichte ist auf einem großen weißen Grabstein zu lesen:

»Am 17. März des Jahres 2012 folgten die Männer der Hafenmeisterei und der Finanzwache einem Hilferuf, der im Morgengrauen mit einem Mobiltelefon abgesetzt wurde, und bargen ein in Not geratenes Boot im Kanal von Sizilien, ungefähr 70 Meilen vor der Insel Lampedusa in internationalen Gewässern. An Bord des havarierten Bootes befanden sich 52 Menschen, die durch ihren langen Aufenthalt am Meer völlig erschöpft waren. An Bord befanden sich auch die leblosen Körper von fünf Menschen, die offensichtlich während der Überfahrt an Erschöpfung gestorben waren. Es sind drei Männer und zwei Frauen, von denen eine schwanger war. Ihre Namen, ihr Alter und ihre Herkunft sind unbekannt.

HIER RUHEN
Ein Mann im Alter zwischen 25 und 30 Jahren,
der wahrscheinlich aus der Subsahara stammt
Nr. 1

Ein Mann im Alter von weniger als 19 Jahren,
der wahrscheinlich aus der Subsahara stammt
Nr. 2

Ein Mann im Alter von rund 30 Jahren,
der wahrscheinlich aus der Subsahara stammt
Nr. 3

Eine schwangere Frau im Alter zwischen 25 und 30 Jahren,
die wahrscheinlich aus der Subsahara stammt
Nr. 4

Eine Frau im Alter zwischen 25 und 30 Jahren,
die wahrscheinlich aus der Subsahara stammt
Nr. 5«

Der Grabstein steht am Friedhof von Lampedusa, mitten zwischen den Gräbern der verstorbenen Einheimischen. Es ist, als hätten diese Menschen aus weit entfernten Ländern ihr Leben auf der Insel verbracht. Der Stein ist ein Akt der Großzügigkeit der Insel gegenüber Unglücklichen, die Lampedusa nicht mehr erreichen konnten. Und er ist ein Beweis dafür, dass die Ertrunkenen eingewoben sind in die Geschichte Europas.

Register